이화여자대학교 언어교육원 지음
Ewha Womans University
Ewha Language Center

개정판

유학생을 위한

대학한국어

1

읽기·쓰기

E PRESS

책을 펴내면서

이화여자대학교 언어교육원은 오래전부터 대학(원) 외국인 유학생을 위한 학문 목적 한국어 교육 과정을 운영하면서 이들을 위한 교육 자료 개발에 노력을 기울여 왔습니다. 2005년 교육인적자원부의 한국어 연수 프로그램 지원 사업에 선정되어 학문 목적 한국어 교재를 개발하고 1년간의 철저한 시험 사용을 거쳐 2008년 『유학생을 위한 대학한국어』를 출간하였습니다. 그 후 2010년 『이화 한국어(Ewha Korean)』, 2017년 『에센스 이화 한국어(Essence Ewha Korean)』 등을 발간하며 전 세계 외국인들이 쉽고 재미있고 효율적으로 한국어를 학습하는 데에 기여해 왔습니다. 그리고 이화여자대학교 언어교육원이 한국어 교육을 시작한 지 30년을 맞이하는 올해 2018년, 그간의 교육 경험과 끊임없는 연구를 바탕으로 대학(원) 외국인 유학생의 한국어 능력 및 학업 능력 향상에 더욱 실질적인 도움을 주기 위해 『유학생을 위한 대학한국어』 개정판을 발간하게 되었습니다.

『유학생을 위한 대학한국어』 개정판은 중급 이상의 한국어 학습자를 대상으로 대학(원)에서 필요로 하는 듣기, 말하기, 읽기, 쓰기 능력이 균형 있게 발전할 수 있도록 하였으며 구어인 듣기와 말하기, 문어인 읽기와 쓰기가 유기적인 연계를 갖도록 설계하였습니다. 기존 『유학생을 위한 대학한국어』와 달리 이번 개정판에서는 듣기, 말하기, 읽기, 쓰기를 위한 전략을 제시하고 전략 연습을 거쳐 그 전략을 활용하여 과제를 수행하도록 구성하였습니다. 이렇게 학문 목적 학습자들의 학업에 필요한 교양 지식뿐 아니라 학업 수행을 위한 전략을 함께 제공함으로써 외국인 유학생의 한국어 능력 향상 및 학업 능력 배양에 보다 많은 도움을 주고자 하였습니다.

마지막으로 『유학생을 위한 대학한국어』 개정판이 출간되기까지 이 책의 편집자들이 쏟은 열정과 노력에 대해서 깊은 감사를 드립니다. 또한 이 교재가 출판되는 데에 편집과 출판을 맡아 아낌없는 지원을 해 주신 이화여자대학교출판문화원에도 감사의 마음을 전합니다.

앞으로 『유학생을 위한 대학한국어』 개정판이 국내외 대학(원) 외국인 유학생들에게 좋은 학습 자료로 널리 활용되기를 기대합니다.

2018년 2월

이화여자대학교 언어교육원 원장

차례

교재 구성과 사용법

『유학생을 위한 대학한국어 1: 읽기·쓰기』 개정판은 10개의 단원과 정답, 찾아보기로 구성되어 있습니다. 각 단원은 국내 대학 교양 과목에서 자주 접하게 될 주제들로 이루어져 있으며 2개의 소단원이 읽기, 쓰기로 나뉘어 구성되어 있습니다. 각 단원의 도입 부분에서는 단원명과 단원의 내용과 관련된 관련 질문 2개를 제시했으며 단원의 세부 구성은 다음과 같습니다.

읽기는 준비하기 – 어휘 익히기 – 문법 익히기 – 전략 익히기 – 읽기 – 생각 넓히기로 구성되어 있습니다.

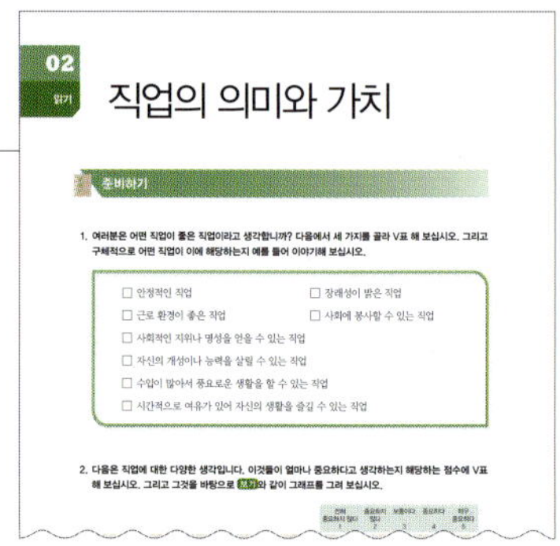

준비하기에서는 주제와 관련된 내용을 살펴보면서 읽을 준비를 합니다.

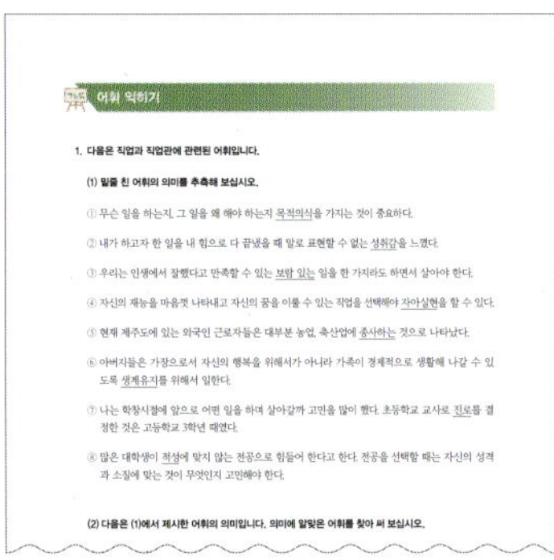

어휘 익히기에서는 주제 관련 어휘 및 읽기 과제 수행 시 필요한 어휘나 표현 등을 익힙니다.

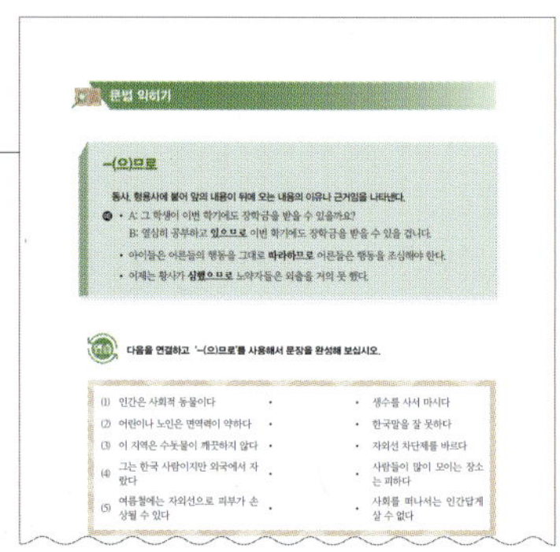

문법 익히기에서는 읽기 부분에서 사용되는 중요한 문법을 배우고 활용 연습을 통해 표현을 익힙니다.

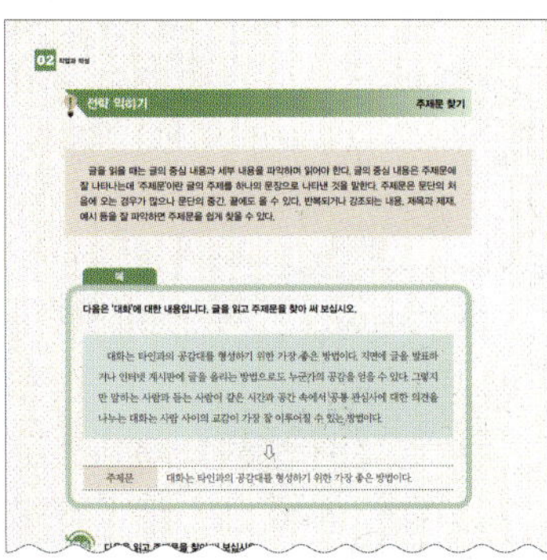

전략 익히기에서는 읽기 능력 향상을 위해 필요한 전략을 배우고 연습합니다.

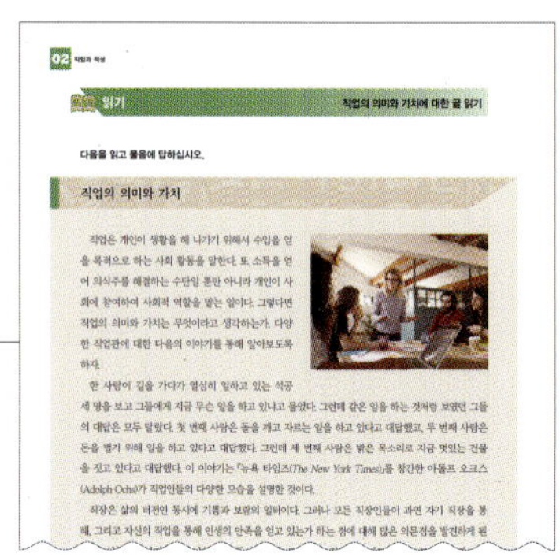

읽기에서는 주제와 관련된 글을 읽으면서 다양한 활동을 수행합니다. 특히 전략 익히기에서 배우고 연습한 전략을 활용하여 글을 읽도록 구성함으로써 배운 전략을 실제로 사용할 수 있게 했습니다.

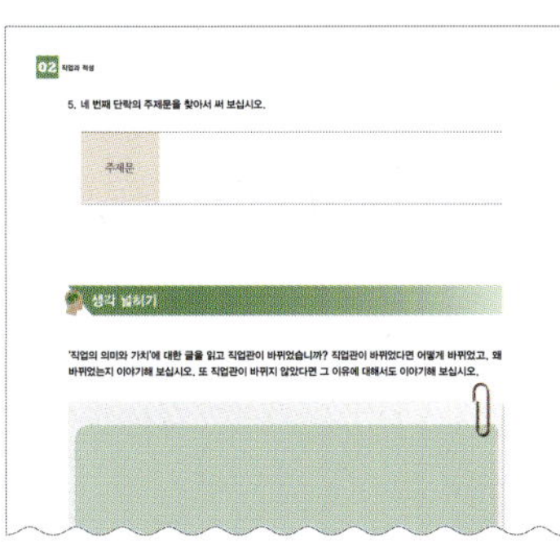

생각 넓히기에서는 주제와 관련된 말하기 활동을 통해 학습 내용을 강화합니다.

쓰기는 준비하기 – 어휘 익히기 – 문법 익히기 – 전략 익히기 – 쓰기 – 생각 넓히기로 구성되어 있습니다.

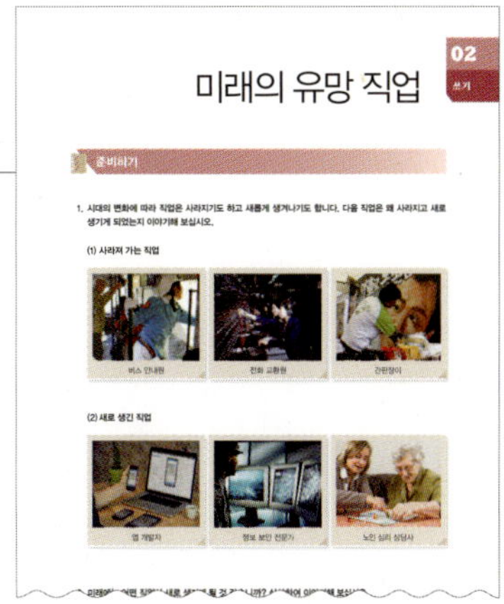

준비하기에서는 주제와 관련된 내용을 생각해 보면서 글을 쓸 준비를 합니다.

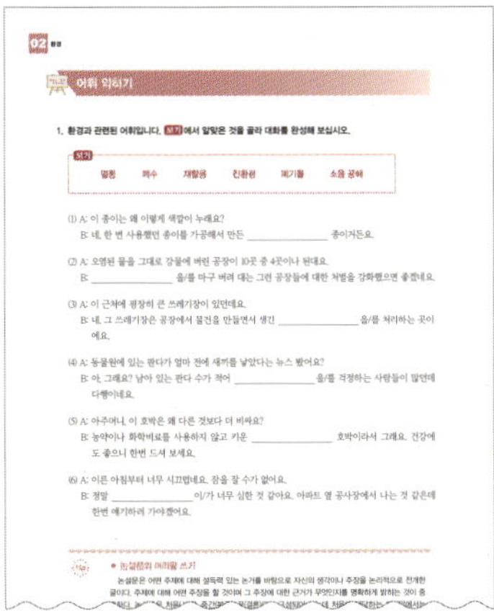

어휘 익히기에서는 주제 관련 어휘 및 쓰기 과제 수행 시 필요한 어휘나 표현 등을 익힙니다.

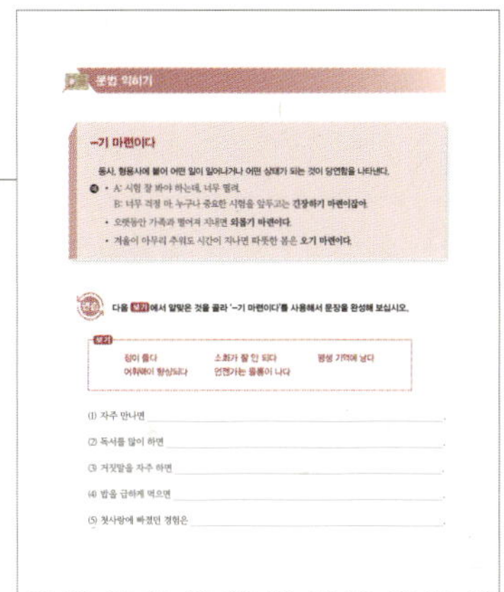

문법 익히기에서는 쓰기에서 활용할 만한 문법을 배우고 연습 문제를 통해 표현을 익힙니다.

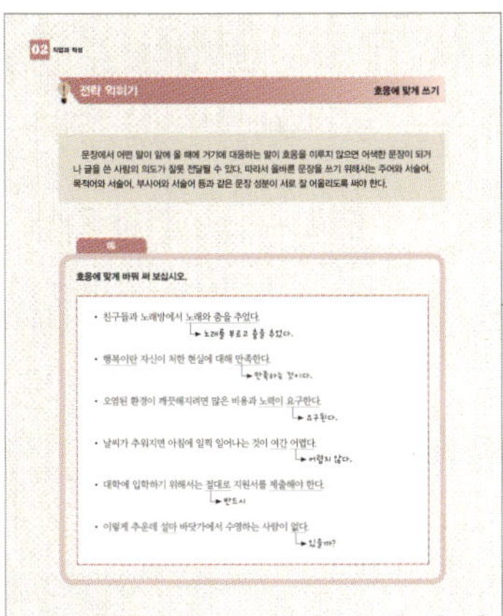

전략 익히기에서는 글을 잘 쓰기 위해 필요한 전략을 배우고 연습합니다.

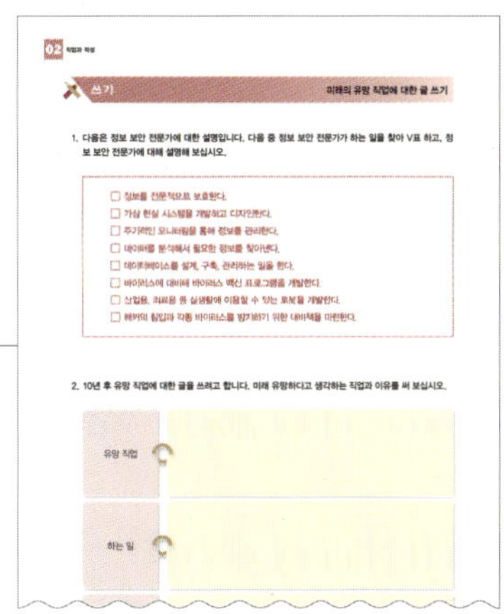

쓰기에서는 주제와 관련하여 조사한 내용을 정리하고 전체 글을 완성하여 쓰도록 합니다. 전략 익히기에서 배우고 연습한 쓰기 전략을 활용하여 과제를 수행하게 했다는 것이 특징입니다. 이를 통해 쓰기에 대한 부담을 줄여 주고 생각을 보다 논리적으로 표현하게 했습니다.

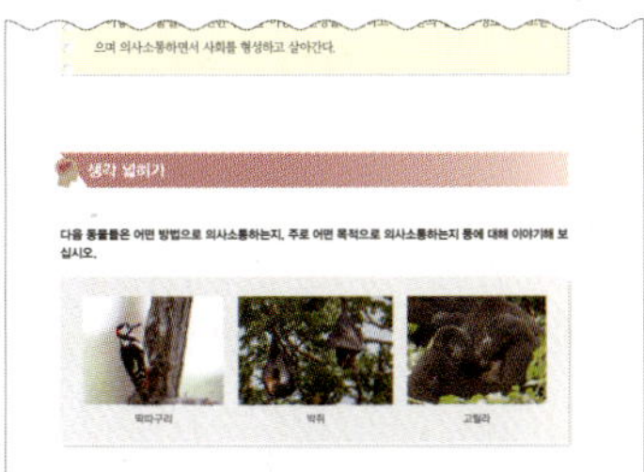

생각 넓히기에서는 주제와 관련된 말하기 활동을 통해 학습 내용을 강화합니다.

교재 구성표

과	단원명	읽기			
		주제	전략	과제	어휘 및 문법
1	현대인과 생활	**현대인의 정신 건강**	제목 보고 글의 내용 예측하기	현대인의 정신 건강에 대한 글 읽기	정신 건강 관련 어휘 –(으)ㄴ/는 탓에
2	직업과 적성	**직업의 의미와 가치**	주제문 찾기	직업의 의미와 가치에 대한 글 읽기	직업, 직업관 관련 어휘 –(으)므로
3	생활의 변화	**온돌의 과학성**	의미 단위로 끊어 읽기	온돌의 과학성에 대한 글 읽기	온돌 관련 어휘 에도 불구하고
4	예술의 이해	**예술의 기원**	문맥에서 어휘 의미 추측하기	예술의 기원에 대한 글 읽기	예술 관련 어휘 –도록
5	자연의 신비	**식물의 번식**	필요한 세부 정보 파악하기	식물의 번식에 대한 글 읽기	식물 관련 어휘 –다고 해서
6	지형과 산업	**한국의 지형**	내용적 흐름 파악하기	한국의 지형에 대한 글 읽기	한국의 지형 관련 어휘 –아/어 내다
7	방송의 세계	**1인 방송**	글쓴이의 의도 파악하기	1인 방송에 대한 글 읽기	방송 관련 어휘 –(으)ㄹ 뿐이다
8	인간과 사회	**리더십의 본질**	사실과 의견 구별하기	리더십의 본질에 대한 글 읽기	리더십 관련 어휘 –지
9	경제와 소비	**성공을 위한 경제 원리**	중심 내용 파악하기	성공을 위한 경제 원리에 대한 글 읽기	경제 원리 관련 어휘 –(으)ㄴ 채(로)
10	영화의 이해	**영화 속의 소리**	마인드맵을 활용하여 읽기	영화 속의 소리에 대한 글 읽기	영화 관련 어휘 (으)로써

쓰기			
주제	**전략**	**과제**	**어휘 및 문법**
수면의 효과	문어적인 표현으로 쓰기	수면의 효과에 대한 글 쓰기	수면 관련 어휘 –듯이
미래의 유망 직업	호응에 맞게 쓰기	미래의 유망 직업에 대한 글 쓰기	직업 관련 어휘 –기 마련이다
사물의 변천	시간적 순서의 글 쓰기	사물의 변천에 대한 글 쓰기	변화 관련 어휘 –(으)나
종합 예술	비교·대조의 글 쓰기	종합 예술에 대한 글 쓰기	종합 예술 관련 어휘 –(으)며
동물의 의사소통	예시의 글 쓰기	동물의 의사소통에 대한 글 쓰기	동물의 의사소통 관련 어휘 –(으)ㄴ/는/(으)ㄹ 만큼
산업의 발달	원인·결과의 글 쓰기	산업의 발달에 대한 글 쓰기	산업 관련 어휘 –자
다큐멘터리의 종류	분류의 글 쓰기	다큐멘터리의 종류에 대한 글 쓰기	다큐멘터리 관련 어휘 –되
사회 복지 제도	인용해서 글 쓰기	사회 복지 제도에 대한 글 쓰기	사회 복지 관련 어휘 –(으)ㄴ/는 가운데
소비의 미덕	주장의 글 쓰기	소비의 미덕에 대한 글 쓰기	소비 관련 어휘 은/는커녕
영화 감상	감상의 글 쓰기	영화 감상에 대한 글 쓰기	영화 감상 관련 어휘 –(으)ㄴ 나머지

Q

1. 요즘 여러분의 건강 상태는 어떻습니까?
   여러분의 건강을 해치는 원인은 무엇이라고 생각합니까?

2. 여러분은 건강을 위해서 특별히 하는 것이 있습니까?
   여러분의 건강 관리법은 무엇입니까?

제1과 현대인과 생활

【읽기】 현대인의 정신 건강

어휘 익히기	정신 건강 관련 어휘
문법 익히기	-(으)ㄴ/는 탓에
전략 익히기	제목 보고 글의 내용 예측하기
읽기	현대인의 정신 건강에 대한 글 읽기

【쓰기】 수면의 효과

어휘 익히기	수면 관련 어휘
문법 익히기	-듯이
전략 익히기	문어적인 표현으로 쓰기
쓰기	수면의 효과에 대한 글 쓰기

01 읽기

현대인의 정신 건강

준비하기

1. 다음은 어떤 상황인 것 같습니까? 사람들의 심리 상태는 어떤 것 같습니까? 이야기해 보십시오.

2. 여러분은 심리적으로 힘들 때 어떻게 극복합니까? 여러분이 정신 건강을 위해 하는 일에 V표 해 보십시오.

☐ 신나는 음악을 들으면서 춤을 춘다.
☐ 산책하거나 등산 같은 운동을 한다.
☐ 코미디 영화나 예능 프로그램을 본다.
☐ 상담 센터나 정신과에서 상담을 받는다.
☐ 명상이나 요가를 하면서 생각을 정리한다.
☐ 가족이나 친구 등 주변 사람들과 대화한다.
☐ 마음속의 감정을 그림이나 글로 표현해 본다.
☐ 기타 (   )

어휘 익히기

1. 다음은 정신 건강과 관련된 어휘입니다.

(1) 밑줄 친 어휘의 의미를 추측해 보십시오.

① 반드시 잘해야 한다는 강박에서 벗어나야 오히려 좋은 결과를 얻을 수 있다.

② 원고 마감 시간이 다가올수록 가슴이 조이는 것 같은 압박감이 크게 느껴졌다.

③ 지나치게 완벽을 추구하다 보면 무엇인가 해 보려는 의욕마저 잃어버릴 수 있다.

④ 질병에는 신체적인 질병 외에 사고, 감정, 행동 등과 관련된 정신적인 질환도 있다.

⑤ 현대 사회에는 화를 참지 못하고 분노를 조절하는 데 어려움을 겪는 사람들이 많다.

⑥ 회사 노동자와 경영진 사이의 입장이 달라 갈등이 생길 수 있기 때문에 대화가 필요하다.

⑦ 새로 지은 건물에서 두통, 수면 장애 등의 여러 증상이 나타나는 것을 새집 증후군이라고 한다.

⑧ 거짓말을 계속하다 보니까 양심의 가책도 느껴지지 않고 잘못하고 있다는 생각도 들지 않는다.

(2) 다음은 (1)에서 제시한 어휘의 의미입니다. 의미에 알맞은 어휘를 찾아 써 보십시오.

① 몸의 병 __________

② 내리눌리는 느낌 __________

③ 분해서 심하게 화를 냄 __________

④ 하고자 하는 적극적인 마음 __________

⑤ 서로 부딪치거나 맞서는 상태 __________

⑥ 어떤 생각이나 감정에 붙잡힘 __________

⑦ 여러 증상이 함께 나타나는 것 __________

⑧ 옳고 그름, 선과 악을 판단하는 마음 __________

2. 다음 보기에서 알맞은 것을 골라 문장을 완성해 보십시오.

보기			
꺼리다	멍하다	뒤처지다	완벽하다
완치되다	파묻히다	무기력하다	사로잡히다

(1) 그 학생의 한국어 발표는 매우 훌륭하고 ________________ 교수님의 칭찬을 받았다.

(2) 암은 치료가 어렵다고들 생각하지만 일찍 발견하면 ________________ 가능성이 높아진다.

(3) 일에 몰두하면서 일 속에만 ________________ 주변을 돌아보고 행복을 느낄 여유가 없어지게 된다.

(4) 친구가 교통사고를 당했다는 말을 듣고 너무 놀라 정신을 못 차리고 ________________ 앉아 있었다.

(5) 선두로 달리던 마라톤 선수 이성주는 다른 선수들보다 조금씩 ________________ 결국 꼴찌로 들어왔다.

(6) 최근 자녀 양육에 대한 부담으로 인해 출산을 ________________ 신혼부부의 수가 점점 증가하고 있다.

(7) 할 수 없을 거라는 부정적인 생각에 ________________ 능력을 충분히 발휘하지 못해 부정적인 결과를 가져올 수 있다.

(8) 지나치게 강압적이고 엄격한 부모의 자녀들은 자기 스스로 할 수 있는 것이 없다는 생각에 ________________ 수 있다.

문법 익히기

–(으)ㄴ/는 탓에

동사, 형용사에 붙어 부정적인 결과에 대한 원인을 나타낸다.

예 • A: 오늘 강의에 왜 안 왔어?
B: 아침에 못 일어났어. 요즘 늦게 **자는 탓에** 너무 피곤해.

• 기름진 음식을 과다하게 **섭취한 탓에** 비만이 되는 사람이 늘고 있다.

• 별의 움직임을 관찰하려고 했는데 날씨가 **흐린 탓에** 하늘이 선명하지 않았다.

연습 **다음을 연결하고 '–(으)ㄴ/는 탓에'를 사용해서 문장을 완성해 보십시오.**

(1) 폭우가 쏟아졌다	•	•	용돈이 금방 바닥났다
(2) 동생은 시력이 나쁘다	•	•	안경이나 렌즈를 껴야 하다
(3) 회사에서 중요한 전화가 왔다	•	•	야외 축구 경기가 취소되었다
(4) 백화점에 갈 때마다 충동구매를 했다	•	•	택시를 이용하는 경우가 많다
(5) 외국인 관광객은 서울 지리를 잘 모르다	•	•	영화를 보다가 중간에 나왔다

(1) ______________________________.

(2) ______________________________.

(3) ______________________________.

(4) ______________________________.

(5) ______________________________.

전략 익히기

제목 보고 글의 내용 예측하기

글을 읽기 전에 먼저 제목과 소제목들을 보고 글의 전체 내용을 예측해 볼 수 있다. 그리고 글을 읽으면서, 앞서 예측했던 내용과 실제 글의 내용이 같은지 비교해 보는 것도 좋다. 이러한 과정을 통해 수동적으로 읽고 이해하는 것에서 나아가 능동적으로 사고하면서 글을 읽을 수 있다.

예

'과학 기술'에 대한 내용입니다. 제목을 보고 글의 내용을 예측해 보십시오.

과학 기술의 빛과 그림자

과학 기술의 빛

과학 기술의 발전으로 인류의 삶은 점점 더 풍요롭고 편리해지고 있다. 자연의 한계를 이기고 식량을 확보할 수 있게 되었고, 인터넷을 통해 언제 어디에서나 정보를 주고받을 수 있게 되었다. 우주 개발이나 로봇의 발명 역시 과학 기술 덕분이라고 할 수 있다.

과학 기술의 그림자

과학 기술은 인류를 위협하는 존재가 되기도 한다. 과학 기술을 개발하는 과정에서 한정된 자원이 고갈되고 환경이 오염되었고 지구 온난화도 심각해지고 있다. 그리고 과학 기술을 중시하면서 인간의 가치, 윤리와 도덕 등이 무너지게 되었다. 사람들을 두려움에 떨게 할 만한 무기 개발의 문제 역시 과학 기술로 인해 발생한 것이다.

⇩

제목	예측 내용
과학 기술의 빛과 그림자 • 과학 기술의 빛 • 과학 기술의 그림자	과학 기술에는 긍정적인 측면과 부정적인 측면이 있다.

연습 다음 글의 제목을 보고 내용을 예측해 보십시오.

품사를 나누는 기준

단어를 형태, 기능, 의미에 따라 나눈 것을 품사라고 한다. 품사의 분류 기준을 이해하면 단어를 더 정확하고 적절하게 사용할 수 있다.

형태의 변화

"학교에 간다.", "학교에 갈까?", "학교에 가자." 이 세 문장에서 '학교'는 형태가 바뀌지 않는다. 그런데 '가다'는 '간다, 갈까, 가자'와 같이 그 형태가 다양하게 변한다. 이렇게 단어는 형태가 변하는 것과 형태가 변하지 않는 것으로 나눌 수 있다.

문장 속 기능

품사는 단어의 기능에 따라서도 나눌 수 있다. "동생은 일찍 잔다."와 "재미있는 책이 많다."에서 '동생'과 '책'은 문장에서 주어의 기능을 한다. '자다'와 '많다'는 주어의 움직임이나 상태를 서술하는 기능을 한다. 그리고 '일찍'과 '재미있다'는 각각 '자다'와 '책'을 꾸며 주는 기능을 한다. 이렇게 단어는 주어의 기능을 하는 것, 서술하는 것, 꾸미는 것 등으로 나눌 수 있다.

단어의 의미

마지막으로 단어의 의미도 품사를 나누는 기준이 된다. '연필', '장난감' 등은 사물의 이름을 나타낸다. '사다', '공부하다' 등은 움직임을 나타낸다. '길다', '아름답다' 등은 사물이 어떤 상태인지 나타낸다. '어머나', '야'와 같이 느낌을 나타내거나 부를 때 쓰이는 단어도 있다. 이렇게 단어는 이름을 나타내는 것, 움직임을 나타내는 것, 상태를 나타내는 것, 느낌을 나타내는 것 등으로도 분류된다.

⇩

제목	예측 내용
품사를 나누는 기준 • 형태의 변화 • 문장 속 기능 • 단어의 의미	

읽기

현대인의 정신 건강에 대한 글 읽기

1. 제목을 보고 글의 내용을 예측해 보십시오.

제목	예측 내용
현대인의 정신 건강 • 정신 장애의 정의 • 현대인이 앓고 있는 정신 장애 • 정신 장애의 치료 방법	

2. 다음을 읽고 물음에 답하십시오.

현대인의 정신 건강

정신 장애의 정의

현대 사회에서 정신 건강에 대한 관심은 갈수록 높아지고 있다. 정신적으로 건강하지 못한 상태, 즉 심리적인 고통이나 장애가 있는 상태를 정신 장애 또는 정신 질환이라고 한다. 예를 들어 불안, 우울, 분노 등을 강하게 느끼거나 주의집중이나 합리적인 판단을 하지 못하는 경우 정신 장애로 볼 수 있다.

현대인이 앓고 있는 정신 장애

미국정신의학회에 의하면 정신 장애의 종류는 매우 다양하다. 여기에서는 많은 현대인들이 앓고 있는 대표적인 정신 장애 네 가지를 소개한다.

첫 번째는 가면성 우울증이다. 우울증은 대표적인 정신 장애인데 그중에서도 가면성 우울증은 가면 뒤에 얼굴을 숨기는 것처럼 자신의 우울한 기분을 전혀 표현하지 않는다는 특징이 있다. 자신의 감정을 숨기고 다른 사람들의 기준에 맞춰 항상 밝게 웃는 모습만 보이다 보면 자신의 감정이 어떤지 모르게 되고 무기력해진다. 그래서 자기 자신이 우울증을 앓고 있는지 모르는 경우도 많다.

두 번째는 사회 공포증이다. 사회 공포증을 겪는 사람은 낯선 사람을 만나거나 타인의 주목을 받는 상황에서 극심한 불안을 느끼는 탓에 다른 사람과 대화할 때 머릿속이 하얘지는 경우가 있다. 사람들 앞에서 발표할 때 완벽하게 준비한 내용을 대충 마무리하기도 한다. 그리고 남들이 자신의 불안과 실수를 눈치 채고 비난할 것이라는 걱정에 사로잡혀 도망치고 싶어 한다.

세 번째는 건강 염려증이다. 건강 염려증은 말 그대로 자신의 건강에 대해 지나치게 염려하는 것이다. 건강 염려증을 가진 사람은 아주 사소한 증세나 감각도 심각한 병으로 해석하고 두려워한다. 예를 들어 위통을 위암으로 확대 해석하기도 한다. 그리고 검사 결과 아무 증상이 발견되지 않아도 자신에게는 병이 있다고 확신한다.

마지막은 반사회적 성격 장애이다. 반사회적 성격 장애의 특성은 사회의 기준을 따르지 않고 법을 어겼지만 자신이 잘못을 저질렀다고 생각하지 않는 것이다. 반사회적 성격 장애를 지닌 사람은 공격적이고 어떤 행동의 결과를 잘 예상하지 못한다. 그리고 다른 사람들의 감정을 이해하거나 공감하는 능력이 낮아서 자신의 행동으로 피해를 본 사람이 있어도 양심에 거리끼지 않는다.

정신 장애의 치료 방법

현대 사회의 경쟁에서 뒤처질까 봐 일에만 파묻히다 보면 자신이 다 소진되어도 알아차리지 못할 수 있다. 대다수의 사람들이 정신병원에 대한 잘못된 인식으로 인해 정신과 방문을 꺼리는데 정신 장애는 상담이나 약물을 통해 완치될 수 있는 경우가 많다. 약물 치료 외에도 연극 치료, 음악 치료, 미술 치료, 놀이 치료, 독서 치료 등 정신 장애를 치료하는 방법은 다양하다. 그리고 평소에도 가끔씩 멍하게 앉아서 지친 마음과 생각을 정리하면 정신 건강을 지킬 수 있다.

(1) 이 글에서 알 수 <u>없는</u> 것은 무엇입니까?

① 정신 질환의 정의
② 정신 장애의 종류
③ 정신 건강의 중요성

(2) 가면성 우울증에 대한 설명으로 맞는 것은 무엇입니까?

① 분노를 조절하지 못한다.
② 감정을 표현하지 않는다.
③ 죄책감을 느끼지 못한다.

(3) 정신 장애와 증상이 맞게 연결된 것은 무엇입니까?

① 사회 공포증 - 자주 법이나 규칙을 어긴다.
② 건강 염려증 - 신체 증상을 느끼지 못한다.
③ 반사회적 성격 장애 - 공감 능력이 부족하다.

(4) 정신 건강을 위해 바람직한 행동을 한 사람은 누구입니까?

① 미영 - 아무 생각 없이 쉬는 시간을 갖는다.
② 지수 - 완벽한 결과를 얻기 위해 일에 집중한다.
③ 주호 - 사람들에게 항상 밝은 모습을 보이려 애쓴다.

생각 넓히기

여러분은 정신 건강을 위해 사회적으로 어떤 제도나 시설이 필요하다고 생각합니까? 정신 건강을 위해 사회적 차원에서 어떤 노력이 필요한지 이야기해 보십시오.

사회적 차원의 노력
•
•
•
•
•

수면의 효과

준비하기

1. 수면에는 렘수면과 논렘수면이 있습니다. 다음을 통해 렘수면과 논렘수면이 무엇인지 살펴보고, 각각의 수면 상태를 통해 어떤 수면의 효과가 나타날 것 같은지 이야기해 보십시오.

(1) 렘수면(REM Sleep : Rapid Eye Movement Sleep)
자고 있더라도 눈 밑에서 안구가 움직이고 뇌가 활동하는 수면 상태

인지적, 정서적인 면에서 수면의 효과가 있다.

(2) 논렘수면(non-REM Sleep)
뇌가 활동을 줄이고 휴식을 취하는 수면 상태

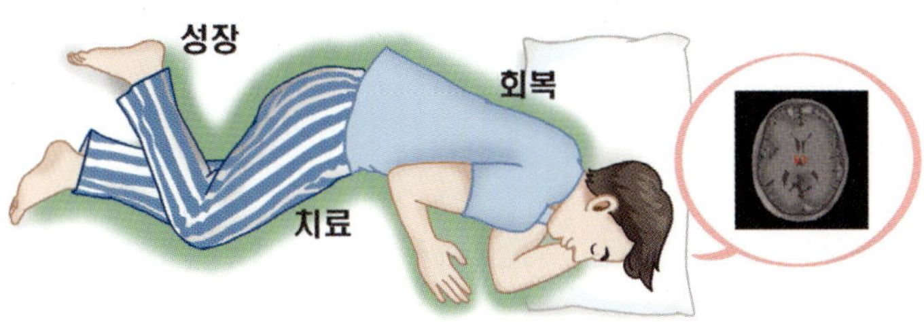

신체적인 면에서 수면의 효과가 있다.

2. 수면이 부족하면 어떤 증상이 생길 수 있습니까? 여러분의 경험을 바탕으로 이야기해 보십시오.

어휘 익히기

1. 다음은 수면과 관련된 어휘입니다. 보기에서 알맞은 것을 골라 문장을 완성해 보십시오.

보기

코를 골다	잠을 설치다	잠을 청하다
숙면을 취하다	잠꼬대를 하다	악몽에 시달리다

(1) 그는 피곤한지 눕자마자 드르렁드르렁 ________________ 시작했다.

(2) 잠을 오래 자는 것보다 짧게 자더라도 ________________ 것이 중요하다.

(3) 한여름에는 해가 지고 난 깊은 밤에도 무더위로 ________________ 사람들이 많다.

(4) ________________ 침대에 누웠다가 잠이 오지 않아 한참을 뒤척이다가 잠이 들었다.

(5) 그 화재 사건의 피해자는 그날의 충격으로 매일 밤 집에 불이 나는 ________________ 했다.

(6) 어젯밤에 남편이 갑자기 "거기 서!" 라며 큰 소리로 ________________ 바람에 잠에서 깨고 말았다.

2. 다음을 읽고 알맞은 것을 고르십시오.

(1) 스트레스가 많이 쌓이다 보면 일의 (확률 , 능률)도 떨어지게 된다.

(2) 사고가 나지 않도록 (방지하려면 , 지지하려면) 대비를 철저히 해야 한다.

(3) 자외선은 피부 (재현 , 재생)을 방해해서 피부 노화를 촉진하는 주원인이다.

(4) 우리 몸은 아픈 부위를 스스로 치료할 수 있는 (치유 , 공유) 능력을 지니고 있다.

(5) 밤 10시부터 새벽 2시 사이는 성장 호르몬이 가장 많이 (분해되는 , 분비되는) 시간이다.

(6) 이 약은 뇌의 기능을 활성화하는 성분이 들어 있어서 기억력과 (집중력 , 기술력) 향상에 도움이 된다.

문법 익히기

-듯이

동사, 형용사에 붙어 앞의 내용과 뒤의 내용이 거의 같음을 나타낸다.

예
- A: 이번 사고는 누구의 책임이 가장 크다고 생각하십니까?
  B: 앞서 **이야기했듯이** 이번 사고는 누구 한 사람의 책임이 아닌 우리 모두의 책임입니다.
- 나라마다 언어가 **다르듯이** 문화도 다르다.
- 그 배우는 책을 **읽듯이** 기계적으로 대사를 말했다.

연습 **다음을 연결하고 '-듯이'를 사용해서 문장을 완성해 보십시오.**

(1) 인간관계의 기본이 믿음이다 •		• 기계도 오래되면 고장이 나다
(2) 물고기가 물을 떠나 살 수 없다 •		• 기업 간에도 신뢰가 중요하다
(3) '세 살 버릇 여든까지 간다'는 말이 있다 •		• 인간도 공동체를 떠나 혼자서는 살 수 없다
(4) 사람이 나이가 들면 신체의 기능이 떨어지다 •		• 어릴 때 어떤 습관을 기르느냐가 무엇보다 중요하다
(5) 베스트셀러가 좋은 책을 의미하는 것은 아니다 •		• 흥행에 성공한 영화가 반드시 좋은 영화라고는 할 수 없다

(1) ____.

(2) ____.

(3) ____.

(4) ____.

(5) ____.

전략 익히기

문어적인 표현으로 쓰기

말을 할 때 사용하는 표현과 글을 쓸 때 사용하는 표현은 다르다. 편지나 이메일처럼 가까운 사람에게 자신의 마음을 전하는 경우에는 구어적인 표현을 써도 되지만 보고서나 논문과 같은 글에서는 구어적인 표현을 쓰는 것이 적합하지 않다. 이러한 글을 쓸 때는 문어적인 표현을 사용해서 써야 한다.

특징	예문
조사를 생략하지 않는다.	카페인 섭취**를** 줄이면 숙면**에** 도움**이** 된다.
평서문에서는 '-(ㄴ/는)다', 의문문에서는 '-(으)ㄴ/는가'를 쓴다.	저출산 고령화 현상이 나타나는 원인은 **무엇인가**?
'저, ○께서, -드리다' 등의 높임 표현을 사용하지 않는다.	**대통령은** 오늘 특별 담화를 **발표했다**.
'근데, 뭘, 이게'와 같은 준말을 쓰지 않는다.	성실하게 사는 **것이** 바람직하지만 쉬지 않고 앞으로만 간다고 해서 더 나은 삶이 보장되는 **것은** 아니다.
'○한테, ○더러'를 쓰지 않고 '○에게'를 사용한다.	건강하게 살기 위해서는 자기만의 취미를 갖는 것이 중요하니까 **자신에게** 즐거운 시간을 선물해 보면 어떤가?
'○(이)랑, ○하고'를 쓰지 않고 '○와/과'를 사용한다.	오늘날의 소비자들은 상품에 대한 다양한 정보를 만들어 내고 다른 **사람과** 공유한다.
'되게, 엄청, 무지' 대신에 '아주, 매우' 등을 사용한다.	그 영화는 영화 관련 업종뿐 아니라 출판업, 관광업에서도 **매우** 큰 수익을 창출하고 있다.

예

다음은 '수면과 운동'에 대한 내용입니다. 문어적인 표현을 사용해서 써 보십시오.

잠을 청하려고 잠자리에 들어도 잠이 쉽게 들지 않으십니까?(→ 않는가?) 그렇다면 운동을 시작해 보는 게(→ 것이) 좋다. 적당한 운동(→ 운동은) 수면의 질(→ 질을) 향상시킨다. 근데(→ 그런데) 잠을 자기 2~3시간 전에는 운동을 하지 않는 것이 좋습니다(→ 좋다). 오히려 독이 될 수 있거든요(→ 있기 때문이다). 따라서 잠들기 6시간 전쯤 중간 강도의 운동을 하면 피로감이 서서히 쌓이면서 잠들기 되게(→ 매우) 좋은 상태가 된다.

연습 **다음을 보고 구어적인 표현을 문어적인 표현으로 바꿔 보십시오.**

1. '겨울철 전력 사용량'에 대한 내용입니다.

겨울철 전력 사용량 여름과 비교해 보면 겨울이 더 많다. 겨울 길고 춥기 때문에 겨울철 전력 사용량이 여름에 비해 20%나 증가하는 거예요. 시간대별로 살펴보면 겨울철에는 하루 중 오전 10시부터 12시까지하고 저녁 5시부터 7시까지 전력 사용량이 가장 많습니다.

2. '실내 디자인과 색'에 대한 내용입니다.

실내 디자인을 할 때는 색을 적절하게 사용하는 거 되게 중요하다. 색은 공간의 크기하고 형태를 달라 보이게 하고, 색 적절히 선택하면 좁은 공간이 무지 넓어 보이게 할 수 있습니다. 그리고 색은 그 안에서 생활하는 사람들한테도 영향을 줘서 우리의 기분 변화시키거나 일의 능률을 조절할 수 있지요.

3. '학습 만화'에 대한 내용입니다.

학습을 돕기 위해 내용을 만화로 쉽게 풀어 설명한 학습 만화는 초등학생들한테 학습의 흥미를 높이고 책 읽기 즐거움을 경험하게 하는 데 엄청 도움이 될 수 있다. 학습 만화 선택할 때 아이더러 선택을 맡기는 건 좋지 않아요. 학부모께서 아이의 수준이랑 취향을 생각하며 책을 고르셔야 한다. 그리고 만화 속 그림이나 대화에 학습에 필요한 정보 잘 들어 있는지 확인하는 것도 중요합니다.

쓰기 수면의 효과에 대한 글 쓰기

1. 다음은 수면의 효과에 대한 설명입니다. 렘수면 상태에서 나타나는 효과인지, 논렘수면 상태에서 나타나는 효과인지 써 보십시오.

(1) 아이의 키가 자라게 된다. (　　　　　)

(2) 기억력이 좋아지고 집중력이 높아진다. (　　　　　)

(3) 아팠던 신체 부위가 치유되고 재생된다. (　　　　　)

(4) 각종 피로 물질이 분해되어 피로가 풀린다. (　　　　　)

(5) 생각이 정리되어 문제의 해결 방법을 찾을 수 있다. (　　　　　)

(6) 부정적인 감정이 사라지고 기분이 상쾌하고 편안해진다. (　　　　　)

2. 수면의 효과에 대한 글을 쓰려고 합니다. 렘수면과 논렘수면 상태에서 나타나는 수면의 효과를 조사해서 메모해 보십시오.

수면의 효과	렘수면	
	논렘수면	

3. 수면의 효과에 대한 글을 완성해 보십시오.

수면의 효과

성인의 경우 잠을 자는 동안 평균 90분 주기로 렘수면과 논렘수면을 반복한다. 렘수면은 자고 있더라도 뇌가 활동하는 수면 상태이고 논렘수면은 뇌가 활동을 줄이고 휴식을 취하는 수면 상태이다. 잠을 잘 자면 렘수면과 논렘수면을 거치면서 다음과 같은 수면의 효과를 경험할 수 있다.

수면은 단순히 쉬는 것이 아니고 몸과 정신을 회복시키는 과정이다. 깊고 편안한 잠을 자지 않으면 결코 건강한 삶을 살 수 없다. 숙면이야말로 건강한 삶을 위해 꼭 필요한 건강 비법이라고 할 수 있을 것이다.

생각 넓히기

건강한 삶을 살기 위해서는 숙면을 취하는 것이 매우 중요합니다. 수면 외에도 건강에 중요한 것에 무엇이 있다고 생각하는지 이야기해 보십시오.

Q

1. 여러분은 어떤 직업을 가지고 싶습니까?
   그 직업을 가지고 싶은 이유는 무엇입니까?

2. 여러분의 성격은 어떻습니까?
   어떤 직업이 여러분의 성격에 맞을 것 같습니까?

제2과

직업과 적성

【읽기】 직업의 의미와 가치

어휘 익히기	직업, 직업관 관련 어휘
문법 익히기	–(으)므로
전략 익히기	주제문 찾기
읽기	직업의 의미와 가치에 대한 글 읽기

【쓰기】 미래의 유망 직업

어휘 익히기	직업 관련 어휘
문법 익히기	–기 마련이다
전략 익히기	호응에 맞게 쓰기
쓰기	미래의 유망 직업에 대한 글 쓰기

02 읽기

직업의 의미와 가치

준비하기

1. 여러분은 어떤 직업이 좋은 직업이라고 생각합니까? 다음에서 세 가지를 골라 V표 해 보십시오. 그리고 구체적으로 어떤 직업이 이에 해당하는지 예를 들어 이야기해 보십시오.

☐ 안정적인 직업　　☐ 장래성이 밝은 직업

☐ 근로 환경이 좋은 직업　　☐ 사회에 봉사할 수 있는 직업

☐ 사회적인 지위나 명성을 얻을 수 있는 직업

☐ 자신의 개성이나 능력을 살릴 수 있는 직업

☐ 수입이 많아서 풍요로운 생활을 할 수 있는 직업

☐ 시간적으로 여유가 있어 자신의 생활을 즐길 수 있는 직업

2. 다음은 직업에 대한 다양한 생각입니다. 이것들이 얼마나 중요하다고 생각하는지 해당하는 점수에 V표 해 보십시오. 그리고 그것을 바탕으로 보기와 같이 그래프를 그려 보십시오.

	전혀 중요하지 않다 1	중요하지 않다 2	보통이다 3	중요하다 4	매우 중요하다 5
(1) 직업은 먹고살기 위한 수단이다.	☐	☐	☐	☐	☐
(2) 직업은 자신의 개성을 살리는 일이다.	☐	☐	☐	☐	☐
(3) 직업은 사회에 봉사하는 사회적 역할을 실현하는 것이다.	☐	☐	☐	☐	☐

보기

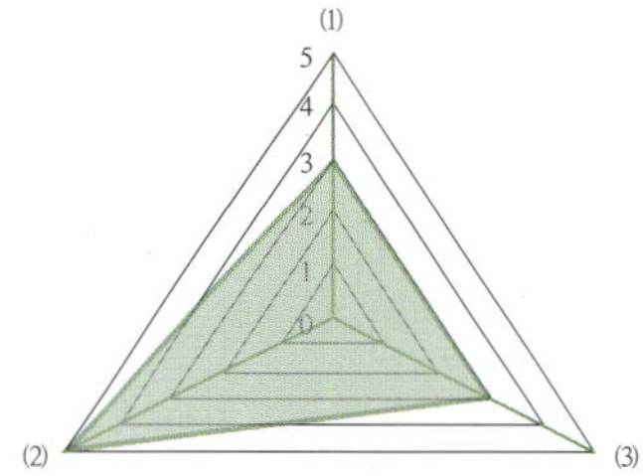

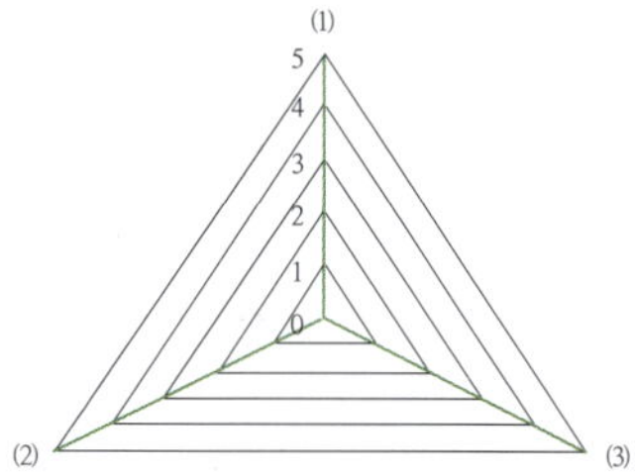

어휘 익히기

1. 다음은 직업과 직업관에 관련된 어휘입니다.

(1) 밑줄 친 어휘의 의미를 추측해 보십시오.

① 무슨 일을 하는지, 그 일을 왜 해야 하는지 목적의식을 가지는 것이 중요하다.

② 내가 하고자 한 일을 내 힘으로 다 끝냈을 때 말로 표현할 수 없는 성취감을 느꼈다.

③ 우리는 인생에서 잘했다고 만족할 수 있는 보람 있는 일을 한 가지라도 하면서 살아야 한다.

④ 자신의 재능을 마음껏 나타내고 자신의 꿈을 이룰 수 있는 직업을 선택해야 자아실현을 할 수 있다.

⑤ 현재 제주도에 있는 외국인 근로자들은 대부분 농업, 축산업에 종사하는 것으로 나타났다.

⑥ 아버지들은 가장으로서 자신의 행복을 위해서가 아니라 가족이 경제적으로 생활해 나갈 수 있도록 생계유지를 위해서 일한다.

⑦ 나는 학창시절에 앞으로 어떤 일을 하며 살아갈까 고민을 많이 했다. 초등학교 교사로 진로를 결정한 것은 고등학교 3학년 때였다.

⑧ 많은 대학생이 적성에 맞지 않는 전공으로 힘들어 한다고 한다. 전공을 선택할 때는 자신의 성격과 소질에 맞는 것이 무엇인지 고민해야 한다.

(2) 다음은 (1)에서 제시한 어휘의 의미입니다. 의미에 알맞은 어휘를 찾아 써 보십시오.

① 앞으로 가야 할 길 ________________

② 먹고사는 것을 이어감 ________________

③ 알맞은 성질이나 능력 ________________

④ 직업으로 생각하고 일하다 ________________

⑤ 좋은 결과나 만족감이 있다 ________________

⑥ 목적한 것을 이루었다는 느낌 ________________

⑦ 행동하는 목적에 관한 뚜렷한 생각 ________________

⑧ 자신의 꿈과 기대가 실제로 이루어짐 ________________

2. 다음 보기에서 알맞은 것을 골라 문장을 완성해 보십시오.

보기			
인식하다	좌우되다	존재하다	해석하다
간주하다	참여하다	창간하다	발휘하다

(1) 선수들은 이번 경기에서 자신의 능력을 최대한 ________________ 위해 열심히 훈련하고 있다.

(2) 지금 보내는 메일에 대한 답변을 내일까지 보내지 않을 경우, 다른 의견이 없는 것으로 ________________.

(3) 신문 기자들마다 이번 사건을 다르게 ________________ 있다. 사건의 문제가 무엇인지 다시 살펴봐야겠다.

(4) 외계인이 등장하는 공상 과학 영화를 볼 때마다 우주 어딘가에 실제로 외계인이 ________________ 생각이 든다.

(5) 선거는 민주 국가에서 국민이 정책 결정 과정에 ________________ 기본적인 행위이며, 주권 행사의 기본적 방법이다.

(6) 사람들은 일조량에 따라 기분이 ________________ 한다. 날씨가 맑으면 일조량이 많아지고 사람들의 기분도 밝아진다.

(7) 최근 몇 년간 20대 젊은이들의 취업률이 낮아지고 있는데도 정치가들은 청년 실업의 심각성을 ________________ 못하고 있다.

(8) 1869년에 노먼 로키어(Joseph Norman Lockyer)가 ________________ 『네이처(*Nature*)』는 현재 세계 최고의 과학 학술지로 평가받고 있다.

문법 익히기

-(으)므로

동사, 형용사에 붙어 앞의 내용이 뒤에 오는 내용의 이유나 근거임을 나타낸다.

예
- A: 그 학생이 이번 학기에도 장학금을 받을 수 있을까요?
  B: 열심히 공부하고 **있으므로** 이번 학기에도 장학금을 받을 수 있을 겁니다.
- 아이들은 어른들의 행동을 그대로 **따라하므로** 어른들은 행동을 조심해야 한다.
- 어제는 황사가 **심했으므로** 노약자들은 외출을 거의 못 했다.

연습 다음을 연결하고 '-(으)므로'를 사용해서 문장을 완성해 보십시오.

(1) 인간은 사회적 동물이다	•	•	생수를 사서 마시다
(2) 어린이나 노인은 면역력이 약하다	•	•	한국말을 잘 못하다
(3) 이 지역은 수돗물이 깨끗하지 않다	•	•	자외선 차단제를 바르다
(4) 그는 한국 사람이지만 외국에서 자랐다	•	•	사람들이 많이 모이는 장소는 피하다
(5) 여름철에는 자외선으로 피부가 손상될 수 있다	•	•	사회를 떠나서는 인간답게 살 수 없다

(1) ______________________________.

(2) ______________________________.

(3) ______________________________.

(4) ______________________________.

(5) ______________________________.

전략 익히기

주제문 찾기

글을 읽을 때는 글의 중심 내용과 세부 내용을 파악하며 읽어야 한다. 글의 중심 내용은 주제문에 잘 나타나는데 '주제문'이란 글의 주제를 하나의 문장으로 나타낸 것을 말한다. 주제문은 문단의 처음에 오는 경우가 많으나 문단의 중간, 끝에도 올 수 있다. 반복되거나 강조되는 내용, 제목과 제재, 예시 등을 잘 파악하면 주제문을 쉽게 찾을 수 있다.

예

다음은 '대화'에 대한 내용입니다. 글을 읽고 주제문을 찾아 써 보십시오.

대화는 타인과의 공감대를 형성하기 위한 가장 좋은 방법이다. 지면에 글을 발표하거나 인터넷 게시판에 글을 올리는 방법으로도 누군가의 공감을 얻을 수 있다. 그렇지만 말하는 사람과 듣는 사람이 같은 시간과 공간 속에서 공통 관심사에 대한 의견을 나누는 대화는 사람 사이의 교감이 가장 잘 이루어질 수 있는 방법이다.

⇩

주제문	대화는 타인과의 공감대를 형성하기 위한 가장 좋은 방법이다.

연습 **다음을 읽고 주제문을 찾아 써 보십시오.**

1. '창조적 상상력'에 대한 내용입니다.

창조적인 상상력은 예술 활동에 큰 영향을 끼친다. 다른 사람들이 생각하지 못했던 것을 생각해 내거나 전혀 다른 각도에서 사물이나 사실을 바라봄으로써 개성 있는 예술 작품이 만들어지기 때문이다. 영화 〈셰익스피어 인 러브(Shakespeare In Love)〉는 이런 상상력이 잘 드러난 작품이다. 이 영화에서 작가는 실존 인물 셰익스피어의 삶을 바탕으로 현대적 감수성과 매력을 지닌 유쾌한 러브 스토리를 만들어 냈다. 역사적 사실과 상상력이 결합하여 매력적인 예술 작품이 탄생한 것이다.

⇩

주제문	

2. '발표'에 대한 내용입니다.

청중은 지루한 것을 참지 못한다. 스타의 팬미팅 현장이라면 청중은 그 스타가 얼마든지 길게 이야기해도 열광하겠지만 우리가 수업 시간에 마주하게 되는 청중은 그렇지 않다. 특히 소셜 미디어(social media) 시대의 청중은 짧은 글에 익숙하다. 발표자의 발표가 흥미와 관심을 끌지 못하고 예정 시간보다 길어지게 되면 청중은 하나둘씩 스마트폰을 보기 시작할 것이다. 따라서 발표자는 청중의 흥미와 관심을 끌며 발표해야 한다.

• 출처: 이화여자대학교 교양국어 편찬위원회 엮음, 『우리말과 글쓰기 – 인간과 통찰력』, 2016, 94쪽 참고

⇩

주제문	

3. '인간과 언어'에 대한 내용입니다.

사람은 누구나 언어를 통해 세계와 만나고 사회화된다. 언어를 통해 사람과 사귀고 언어를 통해 사물을 익히며, 언어를 통해 자신의 꿈을 키운다. 언어는 마치 공기나 물과 같아서, 우리가 언어에 둘러싸여 산다는 사실을 깨닫지 못하는 사이에 이미 우리 삶의 모든 부분을 채우고 있다. 우리는 언어를 통해 생각할 뿐만 아니라 언어를 통해 객관적 세계를 이해하면서 끊임없이 현실을 새롭게 구성해 나간다. 언어가 없다면 우리의 세계 역시 존재하지 않을 것이다.

⇩

주제문	

읽기 직업의 의미와 가치에 대한 글 읽기

다음을 읽고 물음에 답하십시오.

직업의 의미와 가치

직업은 개인이 생활을 해 나가기 위해서 수입을 얻을 목적으로 하는 사회 활동을 말한다. 또 소득을 얻어 의식주를 해결하는 수단일 뿐만 아니라 개인이 사회에 참여하여 사회적 역할을 맡는 일이다. 그렇다면 직업의 의미와 가치는 무엇이라고 생각하는가. 다양한 직업관에 대한 다음의 이야기를 통해 알아보도록 하자.

한 사람이 길을 가다가 열심히 일하고 있는 석공 세 명을 보고 그들에게 지금 무슨 일을 하고 있냐고 물었다. 그런데 같은 일을 하는 것처럼 보였던 그들의 대답은 모두 달랐다. 첫 번째 사람은 돌을 깨고 자르는 일을 하고 있다고 대답했고, 두 번째 사람은 돈을 벌기 위해 일을 하고 있다고 대답했다. 그런데 세 번째 사람은 밝은 목소리로 지금 멋있는 건물을 짓고 있다고 대답했다. 이 이야기는 『뉴욕 타임즈(*The New York Times*)』를 창간한 아돌프 오크스(Adolph Ochs)가 직업인들의 다양한 모습을 설명한 것이다.

직장은 삶의 터전인 동시에 기쁨과 보람의 일터이다. 그러나 모든 직장인들이 과연 자기 직장을 통해, 그리고 자신의 직업을 통해 인생의 만족을 얻고 있는가 하는 점에 대해 많은 의문점을 발견하게 된다. 세 석공의 이야기에서 찾아볼 수 있듯이 이들은 모두 같은 직업을 가지고 있었다. 그런데 어떤 사람은 자신의 일을 단순히 돌을 자르고 깨는 행위로만 보고, 어떤 사람은 단지 경제적인 목적의 수단으로 간주하고 있다. 또 다른 사람은 최고의 멋있는 건물을 짓겠다는 뚜렷한 목적의식을 가지고 성취감을 느끼고 있었다. 이것은 직업의 가치라는 것이 직업 자체에 존재하는 것이 아니라 그 일에 종사하는 사람이 스스로 발견하는 것임을 의미한다.

직업의 의미와 가치를 어디에 두느냐는 자신의 직업관에 의해 결정된다. 직업관은 각자의 가치관과 상황에 따라 달라질 수 있으며 여러 개일 수도 있다. 현대사회는 기계화와 분업화로 인해 많은 일들이 단편적인 작업의 반복으로 이루어지게 되어 직업을 자아실현의 과정으로 이해하기 점점 어려워지고 있다. 또한 직업을 개인의 물질적 욕구를 충족시키는 수단으로만 해석하고 ⓐ<u>보수에 따라 직업의 가치</u>

가 좌우되고 있다. 그러나 이러한 직업관을 가지고 있으면 직업에 대한 성취감과 보람을 느끼기 어렵다. 왜냐하면 물질적인 것은 절대적인 가치가 아니라 다른 사람과 비교되는 상대적인 가치이기 때문이다. 따라서 직업에 대한 확고한 신념을 가지고, 그 직업을 통해 성취감과 보람을 느끼는 것이 무엇보다 중요하다.

사회가 빠르게 변화하면서 개인이 선택하는 직업도 다양해지고 있다. 이에 따라 사회 구성원들의 직업에 대한 생각과 태도도 바뀌고 있다. 이럴 때일수록 직업이 가지는 의미와 가치를 올바르게 인식하는 것이 필요하다.

1. 이 글에서 말하려고 하는 중심 내용은 무엇입니까?

① 자신의 적성에 맞는 직업을 선택해야 한다.
② 직업의 의미와 가치를 올바르게 인식해야 한다.
③ 직업을 경제적 목적을 달성하기 위한 수단으로 생각해야 한다.

2. 이 글의 서술 방식으로 알맞은 것은 무엇입니까?

① 두 대상을 비교하면서 구체적으로 설명하고 있다.
② 시간의 흐름에 따라 사건이 진행되는 과정을 기술하고 있다.
③ 주장의 근거가 되는 예시를 들어 자신의 생각을 주장하고 있다.

3. ⓐ의 문맥적 의미로 가장 알맞은 것은 무엇입니까?

① 자아실현을 위한 직업을 찾기가 어려워지고 있다.
② 직업의 중요도가 수입의 많고 적음에 따라 결정되고 있다.
③ 생계유지의 수단으로 직업을 생각하는 사람들이 많아지고 있다.

4. 세 번째 단락에서 설명한 직업인의 유형이 아닌 것은 무엇입니까?

① 일을 단순한 행위로 생각하는 사람
② 일을 통해 성취감과 보람을 느끼는 사람
③ 직업을 사회적 지위를 얻기 위한 수단으로 보는 사람

5. 네 번째 단락의 주제문을 찾아서 써 보십시오.

주제문	

생각 넓히기

'직업의 의미와 가치'에 대한 글을 읽고 직업관이 바뀌었습니까? 직업관이 바뀌었다면 어떻게 바뀌었고, 왜 바뀌었는지 이야기해 보십시오. 또 직업관이 바뀌지 않았다면 그 이유에 대해서도 이야기해 보십시오.

미래의 유망 직업

준비하기

1. 시대의 변화에 따라 직업은 사라지기도 하고 새롭게 생겨나기도 합니다. 다음 직업은 왜 사라지고 새로 생기게 되었는지 이야기해 보십시오.

(1) 사라져 가는 직업

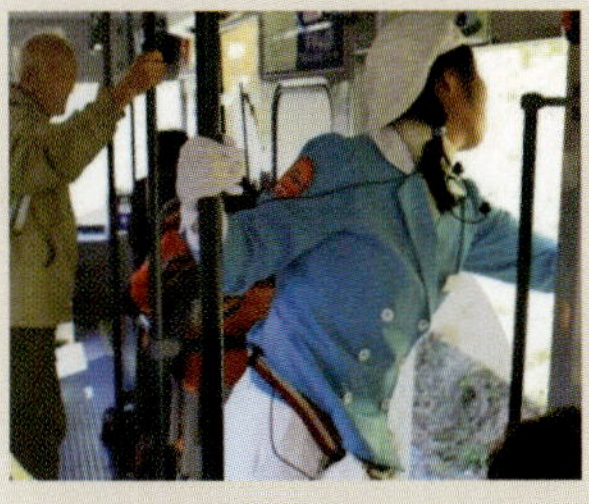
버스 안내원

전화 교환원

간판장이

(2) 새로 생긴 직업

앱 개발자

정보 보안 전문가

노인 심리 상담사

2. 미래에는 어떤 직업이 새로 생기게 될 것 같습니까? 상상하여 이야기해 보십시오.

어휘 익히기

1. 다음은 직업과 관련된 어휘입니다. 보기에서 알맞은 것을 골라 문장을 완성해 보십시오.

> **보기**
>
> 생업 이직 직종 채용 일자리 전문직

(1) 우리 회사는 신제품 개발을 위해 연구원 ________________을/를 계획하고 있다.

(2) 섬에서는 대부분의 주민들이 어업을 ________________(으)로 삼아 살아가고 있다.

(3) 의사나 판검사와 같은 ________________에 종사하는 사람들일수록 업무에 대한 만족감이 크다고 한다.

(4) 설문 조사 결과, 대부분의 직장인들이 더 나은 조건의 회사로의 ________________을/를 생각해 본 적이 있다고 답했다.

(5) 정부는 기술직, 서비스직, 영업직 등 다양한 ________________에 노인들이 취업할 수 있는 방안을 고려하고 있다고 발표했다.

(6) 식당이나 주차장에서 돈을 받는 일을 기계가 대신하기 시작하면서 사람들의 ________________이/가 줄어들 것을 우려하는 사람들이 많아지고 있다.

2. 밑줄 친 부분의 의미가 다른 것을 골라 ○표 해 보십시오.

(1) 건축가 애국가 작곡가 전문가

(2) 고령화 보편화 정보화 풍경화

(3) 만족감 성취감 책임감 한복감

(4) 수원성 순수성 안전성 중요성

(5) 대비책 소설책 수습책 해결책

(6) 경쟁력 경제력 상상력 태양력

문법 익히기

-기 마련이다

동사, 형용사에 붙어 어떤 일이 일어나거나 어떤 상태가 되는 것이 당연함을 나타낸다.

예
- A: 시험 잘 봐야 하는데, 너무 떨려.
  B: 너무 걱정 마. 누구나 중요한 시험을 앞두고는 **긴장하기 마련이잖아**.
- 오랫동안 가족과 떨어져 지내면 **외롭기 마련이다**.
- 겨울이 아무리 추워도 시간이 지나면 따뜻한 봄은 **오기 마련이다**.

연습 다음 보기에서 알맞은 것을 골라 '-기 마련이다'를 사용해서 문장을 완성해 보십시오.

보기

정이 들다	소화가 잘 안 되다	평생 기억에 남다
어휘력이 향상되다	언젠가는 들통이 나다	

(1) 자주 만나면 ______________________.

(2) 독서를 많이 하면 ______________________.

(3) 거짓말을 자주 하면 ______________________.

(4) 밥을 급하게 먹으면 ______________________.

(5) 첫사랑에 빠졌던 경험은 ______________________.

전략 익히기 호응에 맞게 쓰기

문장에서 어떤 말이 앞에 올 때에 거기에 대응하는 말이 호응을 이루지 않으면 어색한 문장이 되거나 글을 쓴 사람의 의도가 잘못 전달될 수 있다. 따라서 올바른 문장을 쓰기 위해서는 주어와 서술어, 목적어와 서술어, 부사어와 서술어 등과 같은 문장 성분이 서로 잘 어울리도록 써야 한다.

예

화살표가 표시된 부분을 호응에 맞게 바꿔 써 보십시오.

- 친구들과 노래방에서 노래와 춤을 추었다.
  → 노래를 부르고 춤을 추었다.
- 행복이란 자신이 처한 현실에 대해 만족한다.
  → 만족하는 것이다.
- 오염된 환경이 깨끗해지려면 많은 비용과 노력이 요구한다.
  → 요구된다.
- 날씨가 추워지면 아침에 일찍 일어나는 것이 여간 어렵다.
  → 어렵지 않다.
- 대학에 입학하기 위해서는 절대로 지원서를 제출해야 한다.
  → 반드시
- 이렇게 추운데 설마 바닷가에서 수영하는 사람이 없다.
  → 있을까?

tip

- 여간 -지 않다
- 아무리 -아/어도
- 어찌나 -(으)ㄴ/는지
- 왜냐하면 -기 때문이다
- 반드시 -아/어야 한다
- 절대로 -(으)면 안 되다

연습 다음을 보고 화살표가 표시된 부분을 호응에 맞게 바꿔 써 보십시오.

1. '기상 이변'에 대한 내용입니다.

올겨울 전 세계적으로 추운 날씨가 계속되고 있다. 문제는 이러한 기상 이변이 지속적으로 더욱 심해지고 **있다**. 어제 서울에는 **폭설과 바람이 불었다**. 또 일 년 내내 따뜻했던 아프리카의 사하라 사막에도 눈이 내렸다고 한다. 이러한 기상 이변이 나타나는 것은 지구온난화**이다**.

2. '배우의 연기'에 대한 내용입니다.

이 영화는 주인공 역을 맡은 배우가 연기를 **어찌나** **잘해서** 영화의 재미를 한층 높여준다. 이 배우는 평범한 대사들도 **여간** 생생하게 **표현한다**. **아마** 이 배우의 뛰어난 연기가 없었더라면 영화는 지금처럼 완성도를 갖추지 **못했다**.

3. '단백질'에 대한 내용입니다.

단백질은 우리 몸을 만드는 중요한 성분이다. **근육이나 뼈, 피부 등이** 주로 단백질로 **이루고 있다**. 그리고 성장 호르몬의 주성분도 단백질이다. 그래서 단백질을 섭취하지 않으면 **아무리** 탄수화물이나 지방을 많이 **섭취하지만** 자라는 데 한계가 있다. 그러므로 성장기의 어린이들은 단백질이 많은 **고기나 달걀, 우유를 많이 마시는** 것이 좋다.

쓰기

미래의 유망 직업에 대한 글 쓰기

1. 다음은 정보 보안 전문가에 대한 설명입니다. 다음 중 정보 보안 전문가가 하는 일을 찾아 V표 하고, 정보 보안 전문가에 대해 설명해 보십시오.

- ☐ 정보를 전문적으로 보호한다.
- ☐ 가상 현실 시스템을 개발하고 디자인한다.
- ☐ 주기적인 모니터링을 통해 정보를 관리한다.
- ☐ 데이터를 분석해서 필요한 정보를 찾아낸다.
- ☐ 데이터베이스를 설계, 구축, 관리하는 일을 한다.
- ☐ 바이러스에 대비해 바이러스 백신 프로그램을 개발한다.
- ☐ 산업용, 의료용 등 실생활에 이용할 수 있는 로봇을 개발한다.
- ☐ 해커의 침입과 각종 바이러스를 방지하기 위한 대비책을 마련한다.

2. 10년 후 유망 직업에 대한 글을 쓰려고 합니다. 미래 유망하다고 생각하는 직업과 이유를 써 보십시오.

유망 직업	
하는 일	
유망하다고 보는 이유	

3. 미래의 유망 직종에 대한 글을 완성해 보십시오.

10년 후에는 어떤 직업이 유망할까?

스마트폰이 보편화되면서 전화 교환원이 사라지고 대신 앱 개발자라는 새로운 직업이 생기게 되었다. 이렇게 시대의 변화에 따라 없어지는 직업이 있는가 하면 새롭게 생기는 직업도 있기 마련이다. 그럼 10년 후 유망한 직업으로는 어떤 것이 있을까?

이 밖에도 환경 문제나 유기농 농사, 컴퓨터 코딩 등과 같은 분야가 미래에 각광받을 것으로 예상된다. 따라서 진로를 선택할 때 적성뿐 아니라 앞으로의 전망도 살펴보면서 미래 사회에서 경쟁력 있는 직업이 무엇일지 찾아보고 준비하는 것이 좋겠다.

생각 넓히기

미래에도 사라지지 않을 것 같은 직업이 있습니까? 그 이유는 무엇입니까? 여러분의 생각을 이야기해 보십시오.

Q

1. 시대에 따라 우리의 생활도 변하게 됩니다.
   오늘날 우리의 생활에 나타나는 가장 큰 변화는 무엇이라고 생각합니까?

2. 우리가 사용하는 물건 중 시간이 흘러도 사라지지 않을 것 같은 물건은
   무엇입니까? 그 이유는 무엇입니까?

제3과

생활의 변화

【읽기】 온돌의 과학성

어휘 익히기	**온돌 관련 어휘**
문법 익히기	**에도 불구하고**
전략 익히기	**의미 단위로 끊어 읽기**
읽기	**온돌의 과학성에 대한 글 읽기**

【쓰기】 사물의 변천

어휘 익히기	**변화 관련 어휘**
문법 익히기	**-(으)나**
전략 익히기	**시간적 순서의 글 쓰기**
쓰기	**사물의 변천에 대한 글 쓰기**

03 읽기

온돌의 과학성

준비하기

1. 여러분은 다음 난방 장치를 본 적이 있습니까? 여러분의 가정 혹은 나라에서는 어떤 난방 장치를 주로 사용하는지, 그 난방 장치의 특징은 무엇인지 이야기해 보십시오.

페치카

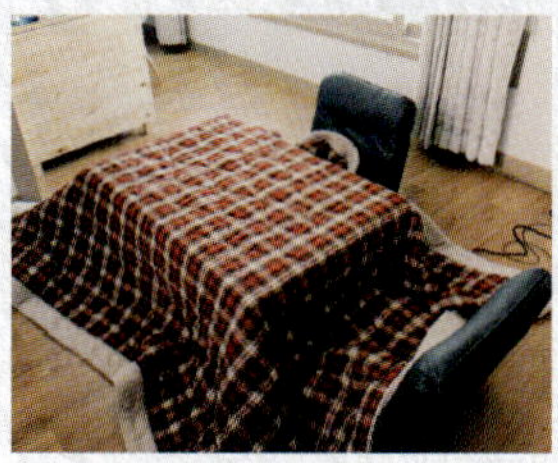
고다츠

온돌

전기 스토브

라디에이터

온풍기

2. 다음을 보고 한국 고유의 난방 장치인 온돌의 구조와 원리에 대해 이야기해 보십시오.

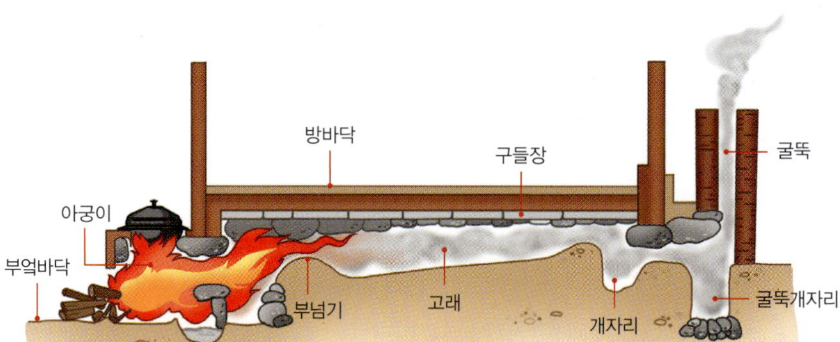

아궁이	→	부넘기	→	고래	→	개자리	→	굴뚝
연료를 태움		불길이 잘 넘어 가게 하고 거꾸로 나오지 못하게 함		열과 연기의 통로		연기를 머물게 하고 열이 오래 가게 함		연기를 배출함

어휘 익히기

1. 다음은 온돌과 관련된 어휘입니다.

(1) 밑줄 친 어휘의 의미를 추측해 보십시오.

① 신제품은 기존 제품보다 싸면서도 성능이 훨씬 좋다.

② 운동을 많이 하면 땀이 나면서 열이 몸 밖으로 방출된다.

③ 뱀은 겨울잠을 자기 위해 몸에 영양분을 미리 저장해 놓는다.

④ 일을 할 때는 관련되어 있는 일들을 함께 처리하는 것이 효율적이다.

⑤ 차 안은 오후의 뜨거운 햇볕 때문에 열기를 받아 몹시 덥고 후끈거렸다.

⑥ 세일 기간을 이용해 꼭 필요한 물건만 사고 다양한 할인 서비스를 이용하면 더 경제적인 생활을 할 수 있다.

⑦ 과학 기술의 발달로 첨단 시설을 갖춘 아파트들이 많아짐에 따라 현대인의 주거 문화도 점점 변화하고 있다.

⑧ 경찰은 음식을 데우다가 전자레인지에서 불이 났다는 집 주인의 말을 토대로 정확한 화재 원인을 조사하고 있다.

(2) 다음은 (1)에서 제시한 어휘의 의미입니다. 의미에 알맞은 어휘를 찾아 써 보십시오.

① 뜨거운 기운 ____________________

② 물건 등을 모아서 보관하다 ____________________

③ 식었거나 찬 것을 덥게 하다 ____________________

④ 에너지가 밖으로 내보내지다 ____________________

⑤ 기계 등이 가진 성질이나 기능 ____________________

⑥ 돈이나 시간, 노력을 적게 들이다 ____________________

⑦ 들인 노력에 비해 얻는 결과가 크다 ____________________

⑧ 집이나 일정 기간 머물러 사는 곳에 관련된 문화 ____________________

2. 다음 밑줄 친 어휘와 바꿔 쓸 수 있는 것을 골라 보십시오.

(1) 이 방은 창문이 없어서 음식 냄새가 잘 <u>빠지지</u> 않는다.

① 남지 ② 나가지

(2) 좋은 글이란 글쓴이의 생각과 느낌이 잘 <u>전달되는</u> 글이다.

① 쓰이는 ② 전해지는

(3) 폭염이 아스팔트를 <u>달구어</u> 걸을 때마다 열기로 푹푹 찐다.

① 뜨겁게 해서 ② 차갑게 해서

(4) 그는 이것저것 계산하지 않고 한 길만 <u>고집하는</u> 사람이다.

① 지키는 ② 고치는

(5) 요즘은 기온도 적당하고 <u>쾌적한</u> 날씨가 계속되고 있어 운동하기에 좋다.

① 불쾌한 ② 상쾌한

(6) 겨울에 춥더라도 한 번씩 환기를 해 줘야 실내 공기가 <u>탁해지지</u> 않는다.

① 깨끗해지지 ② 더러워지지

(7) 푹신푹신한 침대보다는 딱딱한 침대에 이불을 <u>깔고</u> 지내는 것이 척추 건강에 좋다고 한다.

① 펴 놓고 ② 켜 놓고

(8) 정부는 해마다 많은 예산을 들여 한국어 교재를 전 세계에 보급하는 사업을 <u>지속하고</u> 있다.

① 계속하고 ② 개발하고

문법 익히기

에도 불구하고

명사에 붙어 앞의 행위나 상태에서 기대할 수 있는 것과 다른 사실이 결과적으로 올 때 사용한다.

예
- A: 지난 주말에 봄꽃 축제 다녀왔다면서요? 비가 왔는데 괜찮았어요?
  B: 네. 궂은 **날씨에도 불구하고** 사람이 어찌나 많은지 깜짝 놀랐다니까요.
- 그는 여행에서 돌아온 후 몸이 **아픔에도 불구하고** 회의에 참석했다.
- 내가 큰 실수를 **했음에도 불구하고** 선생님께서 너그럽게 용서해 주셨다.

연습 **다음 보기 에서 알맞은 것을 골라 '에도 불구하고'를 사용해서 대화를 완성해 보십시오.**

보기		
비가 쏟아지다	교통이 불편하다	사과 글을 올리다
연습을 많이 하다	경제 사정이 나쁘다	

(1) A: 이번 학회에 사람들이 많이 참석했습니까?
B: 네. 아침부터 ____________________ 회원들이 많이 참석했습니다.

(2) A: 김 대리, 들었어? 우리 회사의 판매 실적이 작년보다 20%나 향상되었다는군.
B: 올해 이렇게 ____________________ 20%나 늘었다니 정말 대단한걸!

(3) A: 피아노 실기 시험은 잘 봤지요? 그동안 열심히 준비했잖아요.
B: 그렇게 ____________________ 막상 시험을 보러 들어가니 너무 떨리더라고요. 잘했는지 저도 잘 모르겠어요.

(4) A: 이 가게에 손님이 많군요. 아파트 단지에서 먼데도 장사가 이렇게 잘 되다니 신기하네요.
B: 가게 근처에 버스 정류장이 없어서 좀 불편하기는 한데요. 다른 가게에 비해 물건값이 저렴해서 그런지 ____________________ 항상 손님들로 북적거려요.

(5) A: 가수 A의 말실수에 대해 인터넷에서 사람들의 비난 여론이 뜨겁던데요.
B: 그러게요. 그 이후에 공식 홈페이지에 ____________________ 비난이 더 거세지고만 있다고 하더라고요.

전략 익히기

의미 단위로 끊어 읽기

문장은 대부분 의미상 관계가 있는 단어들이 이어져 있으므로 의미 단위에 따라 단어들을 끊어 읽으면 내용을 더 잘 이해할 수 있다. 문장을 끊어 읽으면 문장의 기본 구조 파악이 용이해질 뿐 아니라 읽는 속도도 빨라지고 의미도 더 정확하게 파악할 수 있다.

- 식수로 사용 가능한 물이 / 턱없이 부족하다.
- 경쟁에서 이길 수 있는 기술력을 / 확보해야 한다.
- 다른 사람을 설득할 때는 / 부드럽고 낮은 목소리로 / 말하는 것이 좋다.
- 성장기에 있는 어린아이가 / 잠을 충분히 자지 않으면 / 키가 잘 자라지 않을 수 있다.
- 유산소 운동은 / 몸에 많은 양의 산소를 공급해 / 심장과 폐 기능을 높이고 / 피를 맑게 해 준다.

예

다음은 '사랑 노래'에 대한 내용입니다. 의미 단위에 따라 끊어 읽어 보십시오.

사랑이라는 것은 / 인류의 시작부터 지금까지 함께 해 온 개념이며 / 사랑의 감정을 노래한 문학 또는 음악도 / 아주 오래전부터 존재했을 것이다. / 현대 음악에서 / 특히 대중가요의 가사에서 사랑은 / 그 무엇보다도 중요한 주제가 된다. / 사랑은 / 매우 역동적인 감정이다. / 그래서 가사 속에 사랑에 대한 감정은 / 기쁨, 슬픔, 고통, 아쉬움과 미련 등 / 다양한 모습으로 나타나게 된다.

연습 다음을 읽고 의미 단위에 따라 끊어 읽기가 적절하게 되지 않은 것을 골라 보십시오.

1. '빛의 밝기'에 대한 내용입니다.

① 빛은 / 쾌적하고 능률적인 생활을 하는 데 꼭 / 필요한 요소이며 휴식이나 / 안정을 취하는 데도 영향을 준다. / ② 그리고 빛은 / 사람들의 심리에 영향을 미친다. / ③ 실내가 환하면 / 밝고 명랑한 기분이 들지만 / 실내가 어두우면 / 편안하고 차분한 느낌을 갖게 된다. / ④ 적당한 밝기는 / 일의 능률을 높일 수 있지만 / 너무 밝으면 / 집중력이 떨어지고 쉽게 피로해지게 된다.

2. '손님 초대 음식'에 대한 내용입니다.

① 손님 초대 음식을 준비할 때는 / 계절, 조리법, 손님의 특성 등을 / 잘 고려해야 한다. ② 음식은 / 계절에 맞는 것으로 선정하는데 / 영양소가 골고루 들어가도록 / 다양한 재료를 사용하는 것이 좋다. ③ 그리고 조리법이 중복되지 않게 하고 / 맛과 온도, 색이 조화를 이루도록 해야 한다. / ④ 손님 중에 연세가 많으신 분들이 / 있다면 소화가 잘 되는 음식을 준비하고 / 아이가 있다면 맵지 / 않은 음식이 포함되어 있어야 한다.

3. '세계 지역 정보'에 대한 내용입니다.

① 어떤 지역의 특성을 잘 이해하려면 / 그곳의 지형이나 기후 같은 자연 환경에 관한 정보와 / 인구, 경제, 문화와 같은 인문 환경에 대한 정보를 알아야 한다. / ② 이러한 정보에는 / 지형처럼 오랫동안 조금씩 변하는 것도 있고 / 인구나 경제처럼 단기간에 변하는 것도 있다. / ③ 한 지역의 특성은 이러한 자연 또는 인문 / 환경을 아는 / 것만으로는 부족하다. / ④ 그 지역을 이루는 여러 요소 간의 관련성도 / 함께 알아봐야 한다.

읽기 온돌의 과학성에 대한 글 읽기

다음을 읽고 물음에 답하십시오.

온돌의 과학성

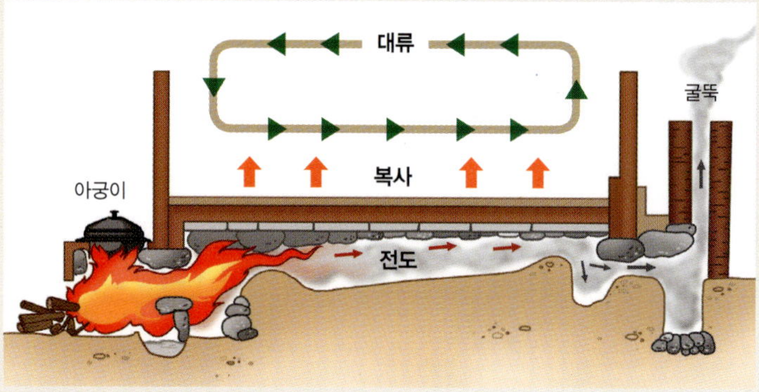

한국인들은 추운 겨울을 나기 위해 수천 년 전부터 '온돌'이라는 난방 장치를 사용해 왔다. 오늘날 한국에서 사람들은 대부분 아파트와 같은 서양식 집에 살고 있어 한옥에 사는 사람을 찾아보기 쉽지 않다. 이러한 주거 문화의 변화 속에서도 한국인들이 바꾸지 않고 고집하는 것이 있는데 그것이 바로 온돌이다.

온돌은 아궁이에서 불을 때면 불기운이 방 밑을 지나 방바닥 전체의 온도를 높여 주고 마지막에 굴뚝으로 빠지게 만들어 놓은 한국 고유의 난방 장치이다. 온돌의 원리는 열의 전도와 복사, 대류를 동시에 이용하는 것이다. 방바닥에 깔린 돌에 열기가 전달되는 것은 전도의 원리이고, 바닥의 열이 방 전체에 방출되는 것은 복사 현상이다. 그리고 공기의 대류를 통해 따뜻한 온도를 유지하는 난방 방식이다.

온돌은 열기를 오래 지속할 수 있는 매우 효율적인 난방 장치이다. 돌은 한번 뜨거워지면 잘 식지 않는다. 한국 사람들은 이를 이용해 추운 겨울에는 돌을 달구어 그 열기로 하루 종일 따뜻하게 지냈다. 돌을 깔 때도 아궁이에서 가까운 아랫목에는 열기를 많이 저장해서 열이 오랫동안 방출될 수 있도록 두꺼운 것을 사용했다. 그리고 아궁이에서 먼 윗목에는 열기가 잘 전달되어 돌이 빨리 달궈지도록 얇은 것을 사용했다. 이렇게 해서 아랫목과 윗목 사이의 온도 차이를 줄이고 오랫동안 방을 따뜻하게 만들 수 있었다.

온돌을 사용하면 방 전체의 온도를 비교적 따뜻하고 쾌적하게 유지할 수 있다. 서양에서는 난방 장치로 벽난로나 온열기를 사용하므로 항상 실내의 위쪽은 온도가 높고 바닥은 온도가 낮은 특징이 있다. 반면 온돌은 바닥 쪽이 따뜻하다. 공기의 흐름을 살펴보면 따뜻한 공기는 위로 올라가고 차가운 공기는 아래로 내려오게 되어 있다. 온돌은 이 대류라는 자연의 법칙을 지혜롭게 이용해 실내 공기가 탁해지는 것을 막고 방 전체의 온도를 따뜻하게 해 줄 수 있다.

시대의 변화에 따라 한국인의 주거 문화가 크게 달라져 왔음에도 불구하고 지금도 거의 대부분의 집에서 현대화된 온돌 구조를 볼 수 있다. 이제 온돌은 한국을 넘어 다른 여러 나라에서 우수성을 인정받고 있으며 온돌 재료들이 해외 건설 시장에서 큰 인기를 끌고 있다고 한다. 앞으로도 온돌의 과학적 특성을 밝혀 온돌을 현대인의 주거 문화에 맞게 발전시키는 일은 계속될 것이다.

1. 온돌은 열의 어떤 원리를 이용한 난방 장치입니까? 세 가지를 찾아 써 보십시오.

-
-
-

2. 온돌의 효율성과 관련된 내용은 무엇입니까?

① 불을 때고 돌이 달궈지기까지 시간이 오래 걸린다.

② 돌은 열기를 한번 저장하면 오랫동안 유지할 수 있다.

③ 윗목은 따뜻하지만 아랫목까지 열기가 전해지지 않는다.

3. 실내 공기가 따뜻하고 쾌적하게 유지되는 이유는 무엇입니까?

① 방바닥의 온도가 낮고 방 위쪽의 온도가 높기 때문이다.

② 공기의 흐름이 활발해 상쾌한 공기가 외부에서 들어오기 때문이다.

③ 뜨거운 공기는 위로 올라가고 차가운 공기는 아래로 내려오기 때문이다.

4. 온돌에 대한 설명으로 맞는 것은 무엇입니까?

① 온돌은 그 우수성이 알려져 해외에서도 주목을 받고 있다.

② 요즘에는 전통 한옥에서만 온돌의 난방 방식을 볼 수 있다.

③ 윗목과 아랫목에 돌을 다르게 쓰면 설치 비용을 절약할 수 있다.

5. 다음은 첫 단락을 의미 단위로 끊어 읽은 것입니다. 적절하지 않은 것은 무엇입니까?

① 한국인들은 추운 겨울을 나기 위해 / 수천 년 전부터 / '온돌'이라는 난방 장치를 사용해 왔다. ② 오늘날 한국에서 사람들은 대부분 아파트와 / 같은 서양식 집에 살고 / 있어 한옥에 사는 사람들을 / 찾아보기 쉽지 않다. ③ 이러한 주거 문화의 변화 속에서도 / 한국인들이 바꾸지 않고 / 고집하는 것이 있는데 / 그것이 바로 온돌이다.

생각 넓히기

시대가 변함에 따라 주거 문화도 변화하고 있습니다. 그럼에도 불구하고 여러분 나라의 전통 주거 문화 중에서 지금도 남아 있는 것이 있다면 무엇이 있는지 이야기해 보십시오.

국가	주거 문화
한국	온돌의 영향을 받아서 의자 대신 바닥에 앉고 침대 대신 바닥에 이불을 깔고 자는 '좌식 문화'가 발달되어 있음

사물의 변천

준비하기

1. 사물을 가리키는 용어의 어원을 보면 그 사물이 어떻게 생겨났는지 알 수 있습니다. 다음 어원을 보고 그 사물이 어떻게 만들어지게 되었을지 이야기해 보십시오.

어원	사물
 한국어 '박'	 바가지
 라틴어 'penna'(깃털)	 펜

2. 다음은 주변에서 쉽게 볼 수 있는 물건입니다. 이 물건들은 어떤 과정을 거쳐 지금의 모습이 되었는지 이야기해 보십시오.

(1)

굴 껍데기

⇨

가루 치약

⇨

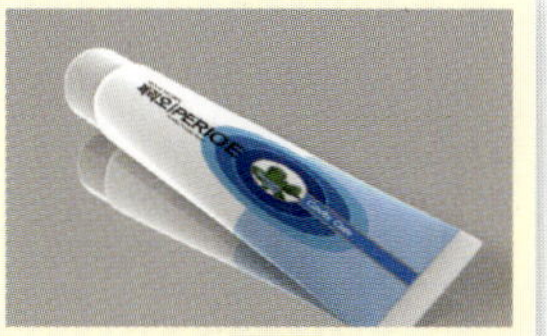
치약

(2)

LP

⇨

CD

⇨

mp3 파일

어휘 익히기

1. 다음은 변화와 관련된 어휘입니다. 보기에서 알맞은 것을 골라 문장을 완성해 보십시오.

보기

질적 단계적 획기적 개혁하다 확대하다 대중화하다

(1) 최근 정부는 사법 제도를 새롭게 ______________ 시도를 하고 있다.

(2) 인터넷은 정보화 시대를 연 ______________인 발명이라고 할 수 있다.

(3) 한국대학교는 앞으로 장학금을 받는 학생의 수를 두 배 가까이 ______________ 발표했다.

(4) 국가 경쟁력을 높이려면 양적인 성장만이 아니라 ______________인 성장도 추구해야 한다.

(5) 교육부는 대학 입학금을 앞으로 5년 동안 ______________(으)로 폐지해 나가겠다고 발표했다.

(6) 성악가 김은희는 많은 사람들이 오페라를 즐길 수 있도록 오페라를 ______________ 데 힘쓰고 있다.

2. 다음을 읽고 알맞은 것을 골라 보십시오.

(1) 연필을 쓸 때는 계속 끝을 (풍족하게, 뾰족하게) 깎아서 써야 한다.

(2) 미술 시간에 진주 같은 작은 (구슬, 이슬)들을 실로 연결해 팔찌를 만들었다.

(3) 새로 산 칼의 칼날이 너무 (뭉툭해서, 날카로워서) 잘못하면 손을 베일 뻔했다.

(4) 최근 혼자 사는 1인 가구 수가 매년 약 두세 배씩 (서서히, 급속하게) 늘어나고 있다.

(5) 그 영화는 남녀 간의 알 수 없는 (교묘한, 미묘한) 감정과 갈등을 사실적으로 묘사했다.

(6) 예상하지 못했던 (갑작스러운, 다행스러운) 사고 소식에 사람들은 당황할 수밖에 없었다.

-(으)나

동사, 형용사에 붙어 앞 내용과 뒤 내용이 반대됨을 나타낸다. 주로 말에서보다는 글에서 많이 쓴다.

예
- A: 이 책에 대한 평가를 해 주시겠습니까?
  B: 세련된 디자인이 소비자의 눈길을 **끄나** 내용의 독창성이 부족하다고 봅니다.
- 부상자들은 생명에는 지장이 **없으나** 정신적인 충격이 크다고 한다.
- 대학 합격 소식을 **들었으나** 등록금 걱정 때문에 마냥 기쁘지만은 않았다.

연습 **다음을 연결하고 '-(으)나'를 사용해서 문장을 완성해 보십시오.**

(1)	유학 생활이 쉽지만은 않다 •	• 성격은 어머니를 닮았다
(2)	최선을 다해 경기를 준비했다 •	• 결국 상대 팀에 지고 말았다
(3)	그 나라는 경제력은 높은 편이다 •	• 그만큼 성취감을 많이 느끼다
(4)	외모는 아버지와 비슷한 점이 많다 •	• 국민들의 삶의 만족도는 낮다
(5)	정부에서 대중교통 이용을 권장하다 •	• 자가용 이용자 수는 줄지 않고 있다

(1) ______________________________.

(2) ______________________________.

(3) ______________________________.

(4) ______________________________.

(5) ______________________________.

전략 익히기 　　시간적 순서의 글 쓰기

시간적 순서의 글을 쓸 때는 역사적으로 중요하거나 독자에게 의미가 있다고 판단한 것을 중심으로 내용을 구성한다. 그리고 각 내용이 시간 순서에 따라 유기적으로 연결될 수 있도록 적절한 표현을 사용하여 서술한다.

표현	예문
점점/점차/차츰 -아/어졌다	화장품은 초기에 귀족층에서만 사용되었지만 **점차** 사용 계층이 **넓어졌다**.
드디어/마침내 ○이/가 시작되었다	19세기 중반에 **드디어** 과학적인 **일기예보가 시작되었다**.
-았/었다가 -았/었다가를 반복했다	하나의 발명품을 완성하기 위해서 수백 번이나 제품을 **만들었다가 고쳤다가를 반복했다**.
지금까지 -아/어 왔다 앞으로 -아/어 갈 것이다	90년대 이후 **지금까지** IT 산업은 빠르게 **발달해 왔다**. 그리고 **앞으로** 이 흐름은 **계속되어 갈 것이다**.

예

다음은 '껌'에 대한 내용입니다. 시간적 순서에 따라 글을 써 보십시오.

- 기원전 2세기, 마야(Maya)족이 사포딜라(sapodilla) 나무 수액이 굳은 치클(chicle)을 씹음
- 1871년, 치클을 가공한 껌 생산이 시작됨
- 1891년, 달콤한 맛과 향이 첨가된 껌이 등장함
- 1928년, 색소를 첨가한 풍선껌이 최초로 개발된 후 많은 소비자의 사랑을 받음

⇩

기원전 2세기경, 마야(Maya)족은 사포딜라(sapodilla) 나무에서 나오는 수액이 굳은 치클(chicle)을 씹었는데, 이것이 껌의 유래이다. 그로부터 약 2000년이 지난 1871년, **드디어** 치클을 가공한 껌 **생산이 시작되었다**. 1891년에는 달콤한 맛과 향까지 첨가된 껌이 등장했다. 그리고 1928년에 색소를 첨가한 풍선껌이 최초로 개발되었고, 그 후로 지금까지 껌은 많은 소비자의 사랑을 받아 오고 있다.

연습 다음을 읽고 시간적 순서에 따라 글을 써 보십시오.

1. '피아노'에 대한 내용입니다.

 ⇨  ⇨ 

- 1770년대, 영국에서 직사각형 모양의 피아노가 인기를 얻음
- 1788년, 건반 수가 늘어난 그랜드 피아노(grand piano)의 생산이 시작됨
- 1811년, 현을 수직으로 제작하여 공간을 적게 차지하는 피아노가 제작되어 피아노가 더 보급됨

⇩

2. '컴퓨터'에 대한 내용입니다.

- 1936년, 영국에서 컴퓨터의 원형인 암호 해독 기계가 처음 만들어짐
- 1946년, 미국에서 프로그래밍이 가능한 최초의 컴퓨터가 개발됨
- 1970년대 말부터 개인용 컴퓨터가 보편화되기 시작함
- 요즘은 노트북이나 태블릿도 많이 사용되고, 앞으로도 컴퓨터는 계속해서 진화할 것임

⇩

쓰기 — 사물의 변천에 대한 글 쓰기

1. 펜은 어떤 과정을 거쳐 지금의 모습이 되었습니까? 그림을 보고 이야기해 보십시오.

깃털 펜

⇨

딥 펜(dip pen)

⇨

만년필

⇨

볼펜

2. 사물의 변천에 대한 글을 쓰려고 합니다. 사물의 특징을 조사해 써 보십시오.

이름	사용 시기	특징

3. 사물의 변천에 대한 시간적 순서의 글을 완성해 보십시오.

사물의 변천

우리는 일상생활에서 종이, 펜, 휴대 전화, 컴퓨터 등 다양한 사물을 접한다. 우리의 생활에서 빠질 수 없는 사물들은 과연 어떤 과정을 거쳐 지금의 모습을 갖추게 되었을까?

이렇게 사물은 시간의 흐름에 따라 여러 과정을 거치면서 계속해서 발전해 왔다. 그리고 앞으로도 점점 더 편리하게 개선되어 갈 것이다.

생각 넓히기

현재 사용되고 있는 물건들은 앞으로 어떻게 변화해 갈 것 같습니까? 여러분이 자주 사용하는 물건을 하나 골라 이야기해 보십시오.

Q

1. 예술은 무엇이라고 생각합니까? 예술의 역할을 무엇이라고 생각합니까?

2. 여러분은 예술 중에서 어떤 분야에 관심이 있습니까?
   그 분야에 관심이 있는 이유는 무엇입니까?

제4과

예술의 이해

【읽기】 예술의 기원

어휘 익히기	예술 관련 어휘
문법 익히기	-도록
전략 익히기	문맥에서 어휘 의미 추측하기
읽기	예술의 기원에 대한 글 읽기

【쓰기】 종합 예술

어휘 익히기	종합 예술 관련 어휘
문법 익히기	-(으)며
전략 익히기	비교·대조의 글 쓰기
쓰기	종합 예술에 대한 글 쓰기

04

읽기

예술의 기원

준비하기

1. 다음은 인류 최초의 예술로 평가받고 있는 선사시대 작품입니다. 선사시대 사람들은 왜 이런 작품을 만들었을까요? 여러분의 생각을 이야기해 보십시오.

(1)

- 빌렌도르프의 비너스(Venus of Willendorf)
- 2만 2000년~2만 4000년 전 것으로 추정
- 세계에서 가장 오래된 여인 조각상
- 1908년 출토

(2)

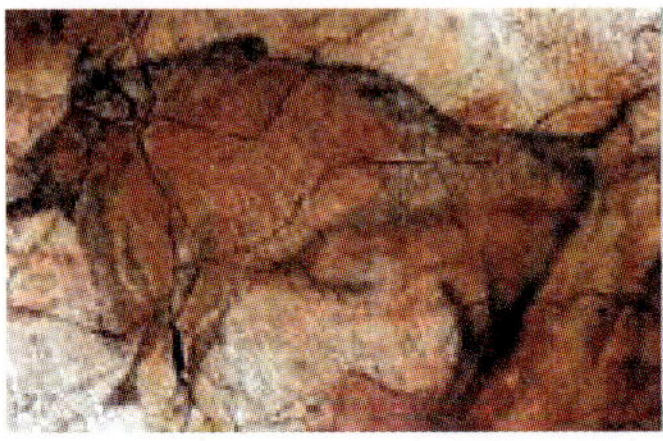

- 알타미라(Altamira) 동굴 벽화
- 1만 5000년 이전의 것으로 추정
- 창에 맞은 들소의 모습
- 1879년 발견

(3)

- 울산 반구대 암각화
- 1만 5000년 이전의 것으로 추정
- 사슴, 호랑이, 고래 그림
- 1971년 발견

2. 1.에서 살펴본 것 외에 선사시대의 예술품은 어떤 것이 있는지 이야기해 보십시오.

어휘 익히기

1. 다음은 예술과 관련된 어휘입니다.

(1) 밑줄 친 어휘의 의미를 추측해 보십시오.

① 최근 발표된 그 가수의 노래는 쓸쓸한 목소리로 가을 감성을 자극한다.

② 대중들에게 클래식을 쉽게 즐기고 향유할 수 있는 기회를 많이 제공해야 한다.

③ 발표를 할 때는 그림, 사진, 영상 같은 시각적인 자료를 많이 활용하는 것이 좋다.

④ 그 소설에는 기존에 볼 수 있던 인물이 아니라 작가가 새롭게 창조한 인물들이 등장한다.

⑤ 이번 특별 전시회에는 그 조각가가 1500-1505년경에 조각한 작품들이 주로 전시된다고 한다.

⑥ 이 그림은 작가가 생각하는 아름다움에 대한 가치관인 미의식이 잘 표현되어 있다는 평가를 받는다.

⑦ 영화감독의 실제 어린 시절을 바탕으로 만든 그 영화를 보고 나는 눈물이 나올 정도로 감동을 받았다.

⑧ 레오나르도 다 빈치(Leonardo da Vinci)는 수많은 훌륭한 작품을 남겼는데 그 가운데 〈모나리자(Mona Lisa)〉는 최고의 걸작으로 꼽힌다.

(2) 다음은 (1)에서 제시한 어휘의 의미입니다. 의미에 알맞은 어휘를 찾아 써 보십시오.

① 마음껏 즐기다 ____________

② 매우 훌륭한 작품 ____________

③ 눈으로 볼 수 있다 ____________

④ 뭔가를 느껴 마음이 움직임 ____________

⑤ 나무나 돌을 깎아서 모양을 만들다 ____________

⑥ 이전에 없던 것을 처음으로 만들다 ____________

⑦ 아름다움을 느끼거나 이해하는 의식 ____________

⑧ 감각이나 마음의 변화를 느끼는 성질 ____________

2. 다음 보기에서 알맞은 것을 골라 문장을 완성해 보십시오.

보기			
가설	본능	의식	주술
기원하다	모방하다	일어나다	정의하다

(1) 모든 동물은 종족을 보전하려는 ________________ 을/를 가지고 있다.

(2) 이번 어머니 생신에 "생신을 진심으로 축하하며 건강과 행복을 ________________."라고 쓴 카드를 드렸다.

(3) 예술은 간단하고 명확하게 ________________ 어렵지만 새로움을 추구하는 작업이라고 할 수 있을 것이다.

(4) 옛날 사람들은 오랫동안 비가 오지 않으면 비를 내리게 하려고 여러 가지 ________________ 을/를 행했다고 한다.

(5) '결혼'은 한 남자와 한 여자가 부부가 되는 ________________(이)고 '장례'는 사람이 죽은 후 치러지는 ________________(이)다.

(6) 기린이 목이 긴 이유에 대해 한 생물학자는 다리가 먼저 길어졌고 물을 마시기 위해 목이 길어졌다는 ________________ 을/를 주장했다.

(7) 인공지능이 아무리 인간의 모든 행동을 똑같이 한다고 해도 인간의 창의성과 감정을 ________________ 수는 없을 것이라고 예상하고 있다.

(8) 블랙박스(black box)에는 비행기 어느 곳에서 누가 어떤 소리를 냈는지 모두 녹음되기 때문에 사고가 났을 경우 비행기에서 무슨 일이 ________________ 자세히 알 수 있다.

문법 익히기

-도록

동사에 붙어 뒤에 나오는 동작의 정도나 시간의 한계를 나타낸다. '-(으)ㄹ 정도로', '그 시간에 이를 때까지'의 의미를 지닌다.

예
- A: 목소리가 왜 그래요? 감기에 걸렸어요?
  B: 아니요. 어제 축구 경기를 보면서 목이 **터지도록** 응원해서 목이 쉬었어요.
- 이상 기온으로 5월이 **지나도록** 꽃이 피지 않았다.
- 밤 12시가 다 **되도록** 집에 들어오지 않아서 걱정을 많이 했다.

연습 **다음 보기에서 알맞은 것을 골라 '-도록'을 사용해서 대화를 완성해 보십시오.**

보기				
나다	넘다	새다	죽다	밤늦다

(1) A: 진영 씨, 계속 하품을 하네요. 어제 잠을 못 잤어요?
B: 네. 어제 오랜만에 친구를 만나서 ________________ 이야기를 하느라 잠을 못 잤어요.

(2) A: 김 과장님이 병원에 입원하셨대요.
B: 네. 저도 들었어요. 병이 ________________ 열심히 일하시더니 결국 과로로 쓰러지셨대요.

(3) A: 보통 결혼식에서 신랑과 신부는 어떤 맹세를 해요?
B: 결혼식에서 신랑과 신부는 ________________ 한 사람만을 사랑하겠다고 맹세해요.

(4) A: 유학 간 친구에게서 연락이 왔어요?
B: 아니요. 한 달이 ________________ 전화 한 통이 없어요. 무슨 일이 생긴 건 아닌지 걱정돼요.

(5) A: 오늘 중요한 시험이 있지요? 준비는 많이 했어요?
B: 아니요. 요즘 아르바이트를 하느라 거의 준비를 못했어요. 그래서 어제 밤이 ________________ 공부를 하긴 했는데 많이 못 했어요.

전략 익히기

문맥에서 어휘 의미 추측하기

글을 읽을 때 이해하기 어려운 어휘의 의미는 문맥 안에서 추측할 수 있다. 문맥에서 어휘의 앞뒤를 잘 살펴보면 그 어휘가 어떤 의미인지 추측할 수 있으며, 반대의 의미를 가진 어휘, 비슷한 의미를 가진 어휘를 통해서도 모르는 어휘의 의미를 추측해 볼 수 있다.

예

1. 다음은 '소설 속 묘사'에 대한 내용입니다. 문맥에서 밑줄 친 어휘의 의미를 추측해 보십시오.

그 소설은 주인공을 직접 보고 있는 것처럼 주인공의 모습이나 인상, 느낌 등을 생생하게 그려 내고 있다. 이와 같은 **묘사**를 하기 위해서는 먼저 묘사하려는 대상에 관심을 갖고 깊이 있게 관찰해야 한다.

• 출처: 이화여자대학교 교양국어 편찬위원회 엮음, 『우리말과 글쓰기 – 인간과 통찰력』, 2016, 143쪽 참고

2. 다음은 '과학 이론'에 대한 내용입니다. 문맥에서 밑줄 친 어휘의 의미를 추측해 보십시오.

과학 이론은 대중들에게 **난해하다**는 인상을 준다. 대부분의 과학 이론이 우주를 설명하고 복잡한 과학, 수학을 이야기하고 있어서 일반인들이 이해하기 쉽지 않지만 사실은 우리의 주변과 일상을 설명하고 있다.

연습 **밑줄 친 어휘의 의미를 추측해 보십시오. 그리고 의미를 어떻게 추측할 수 있었는지 이야기해 보고 사전에서 그 어휘의 의미를 찾아보십시오.**

1. '명작'에 대한 내용입니다.

좋은 작품은 시간과 공간을 벗어나 작품 속에서 말하고자 하는 의견, 감정, 생각에 대해 자기도 그렇다고 느끼게 한다. 즉 명작은 시공을 뛰어넘어 많은 사람들의 사랑을 받는다.

어휘	추측한 의미	사전에서의 의미
뛰어넘다		

2. '아르침볼도의 그림'에 대한 내용입니다.

아르침볼도(Giuseppe Arcimboldo)는 과일과 채소, 꽃 등을 이용해 인물화를 그려낸 화가로 잘 알려져 있다. 그는 이 방법으로 황제의 초상화도 그렸다. 과일, 채소, 꽃으로 얼굴을 그려서 마치 황제를 무시하는 것처럼 보이지만 사실은 황제에 대한 존경을 표현한 것이었다. 봄의 꽃, 여름의 과일, 가을의 채소 등이 모두 황제에게서 온 것임을 강조하고 있기 때문이다.

• 출처: 이화여자대학교 교양국어 편찬위원회 엮음, 『우리말과 글쓰기 – 인간과 통찰력』, 2016, 35쪽 참고

아르침볼도 〈봄〉, 〈여름〉, 〈가을〉

어휘	추측한 의미	사전에서의 의미
무시하다		

3. '저축과 경제'에 대한 내용입니다.

저축을 많이 하는 것이 국민소득의 증가를 가져올 수 있을까? 반드시 그렇지는 않다. 저축을 많이 하면 소비가 활발하지 않아서 생산 활동도 침체되기 때문에 오히려 국민소득이 줄어드는 결과를 가져온다. 이러한 현상은 특히 경제 활동이 활발하지 않을 때 두드러진다. 따라서 경제 활동 감소가 강하게 나타나는 상황에서 저축을 통해 경제 회복을 하려는 것은 오히려 상황을 악화시킬 수도 있다.

어휘	추측한 의미	사전에서의 의미
침체되다		
두드러지다		

읽기

예술의 기원에 대한 글 읽기

다음을 읽고 물음에 답하십시오.

예술의 기원

우리가 보통 예술이라고 할 때 떠올리는 것은 문학, 미술, 음악, 무용 등이다. 물론 현대로 오면서 사진이나 영화, 건축까지도 예술 장르에 포함시켜 말하지만 순수 전통 예술이라고 한다면 문학, 미술, 음악, 무용과 같이 실용적이지 않고 단지 감상을 위한 것을 생각하는 게 일반적이다. 하지만 이와 같이 감상하기 위한 것, 아름다움을 느낄 수 있는 것을 예술로 생각하기 시작한 것은 18세기 이후이다.

그럼 감상하기 위해서가 아니라면 예술 활동은 왜 시작된 것일까? 세계에서 가장 오래된 여인 조각상인 〈빌렌도르프의 비너스(Venus of Willendorf)〉, 1만 5000년 이전에 그린 것으로 추정되는 〈알타미라(Altamira) 동굴 벽화〉는 도대체 왜 만들었을까? 그에 대한 설명, 즉 예술의 기원에 대한 가설은 학자에 따라 매우 다양하게 제시되고 있다.

먼저 예술은 인간의 본능적인 활동이라고 주장하는 가설이 있다. 본능에서 예술이 시작됐다는 주장에는 '유희 기원설'과 '모방 기원설'이 있다. 이 중 ⓐ유희 기원설을 주장하는 사람들은 동굴 벽화나 춤 같은 예술이 특별한 목적 때문이 아니라 남는 시간을 즐기려는 인간의 본능에서 시작됐다고 말한다. 반면 모방하려는 인간의 본능에서 예술이 시작되었다고 보는 '모방 기원설'은 외부의 사물이나 사건을 ⓑ흉내 내려는 인간의 본능이 예술의 기원이 되었다고 본다.

또 다른 주장은 예술이 노동에서 시작되었다는 '노동 기원설'로, 노동하려는 사람들의 의욕을 자극하고 협동을 이끌어 내려는 이유에서 예술이 비롯되었다고 보는 것이다. 이는 사냥과 전쟁에 나가기 전에 승리를 기원하기 위해 밤새도록 추었던 집단 춤이나 노동의 수고를 줄이기 위해 부르던 노동요가 있는 이유와 같다고 보는 것이다.

'주술 기원설'은 원시인들의 예술 활동이 그들의 주술적인 믿음에서 시작되었다고 보는 것이다. 원시인들은 그들이 상징적인 표현을 하면 그것이 실제로 일어난다고 믿었다. 예를 들어 원시인들은 들소를 죽이는 벽화를 그림으로써 살아 있는 들소를 잡을 수 있다고 믿었고 풍만한 여인의 조각상을 만들면 그들도 건강한 자손을 많이 얻을 수 있다고 생각했다. 그러므로 이러한 주술 기원설에서는 더 많은 생산을 기원하는 고대의 종교적인 의식에서 원시적인 문학, 춤, 노래 같은 예술이 시작되었다고 주장한다.

예술의 기원에 대해 학자마다 서로 다른 주장을 하고 있지만 각각의 주장은 어떤 면에서는 모두 의미가 있는 것 같다. 그만큼 예술의 기원은 어느 하나만으로 설명하기 어렵다. 즉 인간의 본능은 유희와 모방 중 그 어느 하나로 정의할 수 없다. 또한 고대의 예술은 인간의 본능인 동시에 집단의 노동과 연결되어 있었으며, 그것은 주술적인 의식으로 이루어졌을 가능성이 높다. 따라서 예술의 기원을 어느 하나의 가설로 설명하기 힘든 것이다.

1. 예술의 기원설과 그 내용의 예를 맞게 연결하십시오.

① 유희 기원설 •		• ㉮ 낮에 있었던 일을 사람들 앞에서 재현한다	
② 모방 기원설 •		• ㉯ 쉬는 시간에 재미있는 이야기를 만들어 본다	
③ 노동 기원설 •		• ㉰ 비가 오기를 바라며 비가 오는 그림을 벽에 그린다	
④ 주술 기원설 •		• ㉱ 무거운 돌을 옮길 때 사람들이 노래에 맞춰 움직인다	

2. 예술에 대한 설명 중 맞는 것은 무엇입니까?

① 고대부터 예술은 감상하기 위한 것이라고 생각했다.

② 현대에는 사진, 영화, 건축까지도 예술 장르에 포함한다.

③ 알타미라 동굴 벽화는 인간의 모방 본능에서 그려진 것이다.

3. 이 글의 내용과 다른 것은 무엇입니까?

① 노동요는 일하는 동안 힘든 것을 줄이기 위해 불렀다.

② 예술의 기원에 대한 가설 중 주술 기원설이 가장 설득력이 있다.

③ 원시인들은 상징적인 표현을 하면 실제로 이루어진다고 믿었다.

4. ⓐ와 ⓑ의 의미는 무엇입니까? ⓐ와 ⓑ의 의미를 추측해서 써 보십시오.

	추측한 의미	사전에서의 의미
ⓐ 유희		
ⓑ 흉내 내다		

생각 넓히기

다음은 한국의 전통놀이인 풍물놀이의 사진입니다. 풍물놀이가 어떻게 시작되었는지 조사해 이야기해 보십시오.

종합 예술

준비하기

1. 다음은 종합 예술에 대한 설명입니다. 종합 예술은 무엇인지, 어떠한 특징이 있는지 이야기해 보십시오.

음악, 문학, 그림, 무용, 건축 등 여러 분야의 예술적 요소를 종합하여 창조하는 예술을 말한다. 오늘날 대표적인 종합 예술로는 영화, 연극, 뮤지컬 등이 있다.

2. 다음은 다양한 종합 예술입니다. 여러분이 본 적이 있거나 보고 싶은 것이 있다면 이야기해 보십시오.

경극

오페라

뮤지컬

판소리

어휘 익히기

1. 다음은 종합 예술과 관련된 어휘입니다. 보기에서 알맞은 것을 골라 문장을 완성해 보십시오.

보기					
대사	독창	반주	관현악	음악극	무대 예술

(1) 아이들은 선생님의 피아노 ______________ 에 맞춰서 즐겁게 노래를 불렀다.

(2) 연극은 무대 위에서 공연이 이루어지는 대표적인 ______________ 중 하나이다.

(3) 뮤지컬은 이야기와 음악적 요소가 균형 있게 어우러진 현대적인 ______________ 이다.

(4) 그 배우는 아무리 긴 ______________ (이)라도 한 글자도 안 틀리고 줄줄 외우는 것으로 유명하다.

(5) 그 영화는 오케스트라가 연주하는 아름다운 ______________ 을/를 배경 음악으로 해 감동을 더하고 있다.

(6) 여러 사람이 함께 부르는 것을 합창, 몇 사람이 함께 부르는 것을 중창, 한 사람이 혼자서 부르는 것을 ______________ (이)라고 한다.

2. 다음을 읽고 알맞은 것을 고르십시오.

(1) 빨간색, 파란색, 노란색을 (혼합하면, 분리하면) 검은색이 나온다.

(2) 그 영화를 보면 히말라야의 크고 (웅장한, 아담한) 자연 경관을 볼 수 있다.

(3) 수온은 물고기의 성장에 영향을 끼치는 (심리적, 물리적) 요인 중 하나이다.

(4) 그는 이번 대회에 참가하지 않겠다는 의사를 주최 측에 (전수했다, 전달했다).

(5) 따뜻하고 사랑이 많은 어머니 역할은 그 여배우의 이미지와 잘 어울리는 (악역, 배역)이었다.

(6) 판소리에서 북을 치는 (고수, 창자)는 노래에 장단을 맞추면서 적절한 곳에 추임새를 넣는다.

문법 익히기

-(으)며

동사, 형용사에 붙어 둘 이상의 행위나 상태를 대등하게 연결함을 나타낸다.

예
- A: 오늘 강연을 해 주실 분은 어떤 분이십니까?
  B: 여러 뮤지컬을 **연출하셨으며** 현재는 한국예술대학교 교수로 계신 김민우 감독님이십니다.
- 서울은 한국의 **수도이며** 경제의 중심지이다.
- 그 사람은 피아노도 잘 치고 기타도 잘 **치며** 노래도 매우 잘한다.

연습 **다음 보기에서 알맞은 것을 골라 '-(으)며'를 사용해서 문장을 완성해 보십시오.**

보기				
깨끗하다	나타나다	설립되다	참석하다	편리하다

(1) 이번 행사의 주최 측은 누가 ________________ 얼마나 많이 왔는지 알아보기 위해 방명록을 쓰게 했다.

(2) 그 지역은 지하철역이 바로 앞에 있어 교통이 ________________ 편의시설이 잘 되어 있기 때문에 인기가 높다.

(3) 소프라노 이지선은 목소리가 맑고 ________________ 성량이 풍부해서 이번 오페라에서 주인공을 맡게 되었다.

(4) 국제연합(UN)은 1945년에 전쟁 방지와 평화 유지를 위해 ________________ 현재는 회원국이 190여 개에 달한다.

(5) 독감에 걸리면 초기에는 두통, 오한 등과 같은 증상이 ________________ 심하면 구토, 호흡 곤란 등이 발생할 수 있다.

전략 익히기 비교·대조의 글 쓰기

비교는 둘 이상의 대상 사이의 공통점을 설명하는 것이고, 대조는 대상 사이의 차이점을 설명하는 것이다. 비교·대조의 글을 쓸 때는 기준을 명확하게 세우고 대상에 대한 설명이 한쪽으로 치우치지 않고 균형적으로 이루어지게 서술해야 한다. 공통점을 먼저 서술하고 차이점을 나중에 서술하는 것이 효과적이다.

표현		예문
비교 표현	○와/과 마찬가지로	판소리는 **오페라와 마찬가지로** 음악극의 한 종류이다.
	-ㄴ/는다는 점에서 유사하다/공통적이다	오페라와 뮤지컬은 음악을 통해 내용을 **전달한다는 점에서 유사하다.**
대조 표현	-(으)ㄴ/는 반면(데 반해)	영화는 시간과 공간의 제약을 받지 **않는 반면 연극은 시간과 공간의 제약을 받는다.**
	○와/과 달리 -ㄴ/는다는 점에서 다르다/차이가 있다	**오페라와 달리** 뮤지컬은 **대중적이라는 점에서 차이가 있다.**

예

다음은 '야구와 축구'에 대한 내용입니다. 비교·대조의 글을 써 보십시오.

기준 \ 운동	축구	야구
경기 인원	공을 가지고 여러 사람이 한 팀을 이루어 경기함	
진행 방법	전반전, 후반전 45분씩 총 90분 동안 진행됨	양 팀이 공격과 수비를 번갈아가며 9회에 걸쳐 진행됨

⇩

야구와 축구는 전 세계적으로 많은 인기를 끄는 경기 종목이다. 이들은 공을 가지고 여러 사람이 한 팀을 이루어 **경기한다는 점에서 공통적이다.** 그러나 축구가 시간에 따라 진행되는 **것과 달리** 야구가 횟수에 따라 **진행된다는 점에서 차이가 있다.** 축구는 전반전, 후반전 각각 45분씩 총 90분 동안 **진행되는 반면** 야구는 양 팀이 공격과 수비를 번갈아가면서 9회에 걸쳐 진행된다.

연습 다음을 보고 비교·대조의 글을 써 보십시오.

1. '시와 소설'에 대한 내용입니다.

기준	시	소설
예술 분야	언어로 작가의 감정이나 생각을 표현한 글	
표현 방법	함축적이고 운율적인 언어를 사용함	운율 등의 형식에 얽매이지 않고 자유로운 문장으로 씀

2. '캐스터네츠와 심벌즈'에 대한 내용입니다.

기준	캐스터네츠	심벌즈
악기 종류	두드려서 소리를 내는 타악기	
악기 재료	나무로 만들어짐	금속으로 만들어짐
연주 방법	한 손으로 두 개의 판을 맞부딪혀 소리를 냄	양손으로 두 개의 판을 맞부딪혀 소리를 냄

쓰기

종합 예술에 대한 글 쓰기

1. 다음은 오페라와 판소리에 대한 설명입니다. 오페라에 대한 정보면 '오', 판소리에 대한 정보면 '판', 모두에 해당하는 설명이면 '오/판'을 쓰십시오.

(1) 한 사람이 노래한다. ( )

(2) 무대가 무척 크고 화려하다. ( )

(3) 여러 명의 배우가 등장한다. ( )

(4) 내용을 거의 노래로 표현한다. ( )

(5) 반주는 관현악으로 이루어진다. ( )

(6) 대사와 노래로 내용을 전달한다. ( )

(7) 공연에서 간단한 소품만 사용한다. ( )

(8) 반주는 하나의 악기로 이루어진다. ( )

(9) 전문적이어서 아무나 쉽게 부를 수 없다. ( )

(10) 이야기와 음악으로 이루어진 음악극이다. ( )

2. 두 가지 종합 예술을 비교·대조하는 글을 쓰려고 합니다. 두 가지 종합 예술을 선택하여 공통점과 차이점을 메모해 보십시오.

	______________	______________
공통점		
차이점		

3. 종합 예술에 대한 비교·대조의 글을 완성해 보십시오.

종합 예술

종합 예술은 음악, 문학, 무용 등 여러 분야의 예술을 혼합해서 만든 하나의 통합적인 예술을 말한다. 종합 예술의 유형은 매우 다양하다. 이들은 종합 예술로서 공통적인 점도 있으나 또 여러 면에서 차이점을 지니고 있다.

지금까지 살펴본 바와 같이 이들은 종합 예술로서 공통점을 보인다. 하지만 그것이 형성된 사회문화적 배경에 따라 여러 면에서 서로 다른 모습으로 발전되어 각각 독특한 특성을 가지게 되었다.

생각 넓히기

여러분 나라에 여러 분야의 예술을 혼합해서 만든 종합 예술이 있습니까? 이야기해 보십시오.

Q

1. 여러분 나라에서 흔히 볼 수 있는 꽃은 무엇입니까?
   그 꽃은 어떻게 생겼습니까?

2. 동물들은 서로 의사소통을 한다고 생각합니까? 그 이유는 무엇입니까?

제5과
자연의 신비

【읽기】 식물의 번식

어휘 익히기	**식물 관련 어휘**
문법 익히기	**-다고 해서**
전략 익히기	**필요한 세부 정보 파악하기**
읽기	**식물의 번식에 대한 글 읽기**

【쓰기】 동물의 의사소통

어휘 익히기	**동물의 의사소통 관련 어휘**
문법 익히기	**-(으)ㄴ/는/(으)ㄹ 만큼**
전략 익히기	**예시의 글 쓰기**
쓰기	**동물의 의사소통에 대한 글 쓰기**

05

읽기

식물의 번식

준비하기

1. 다음 꽃 그림을 보고 각각의 꽃 구조를 파악해서 이야기해 보십시오. 그리고 각 부분에 알맞은 것과 연결해 보십시오.

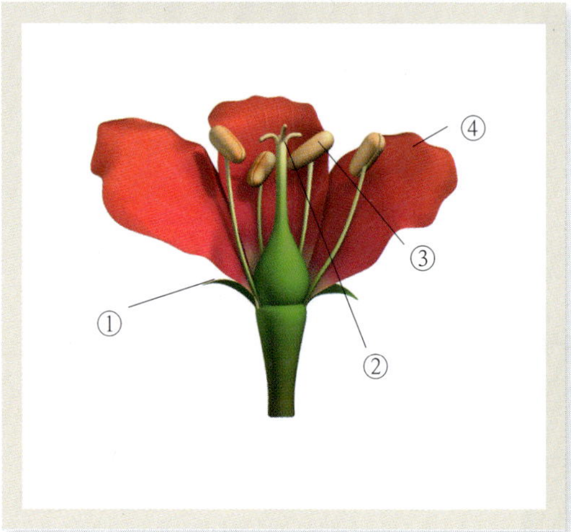

(1)	①	•	•	수술이다. 꽃가루를 만든다.
(2)	②	•	•	암술이다. 꽃가루가 붙게 한다.
(3)	③	•	•	꽃잎이다. 암술과 수술을 보호한다.
(4)	④	•	•	꽃받침이다. 꽃잎이 떨어지지 않게 해 준다.

2. 식물들은 어떻게 번식을 합니까? 여러분이 알고 있는 식물의 번식 방법에 대해 이야기해 보십시오.

어휘 익히기

1. 다음은 식물과 관련된 어휘입니다.

(1) 밑줄 친 어휘의 의미를 추측해 보십시오.

① 어제 꽃꽂이를 하다가 장미에 있는 가시에 손이 찔렸다.

② 산에 가서 보니까 숲속에 거미, 나비, 벌 같은 곤충이 많았다.

③ 100년이 넘은 배나무에 열매가 주렁주렁 열려 화제가 되고 있다.

④ 태풍이 지나간 후 길거리에 뿌리째 뽑힌 나무들이 쓰러져 있었다.

⑤ 아침에 일어나 보니까 나뭇가지에 흰 눈이 소복소복 쌓여 있었다.

⑥ 나무들은 성장하는 데 필요한 양분을 땅속의 흙에서 얻어 살아간다.

⑦ 지난주에 배추의 씨앗을 사다 밭에 심었는데 오늘 가 보니 싹이 나 있었다.

⑧ 봄이 되면 바람에 날리는 꽃가루 때문에 계속 재채기가 나서 고생하는 사람들이 많다.

(2) 다음은 (1)에서 제시한 어휘의 의미입니다. 의미에 알맞은 어휘를 찾아 써 보십시오.

① 영양이 되는 성분 ______________

② 곡식이나 채소 등의 씨 ______________

③ 바늘처럼 뾰족하게 돋친 것 ______________

④ 파리, 거미, 벌 등과 같은 벌레 ______________

⑤ 나무의 줄기에서 뻗어 나는 가지 ______________

⑥ 식물의 수술 속에 들어 있는 가루 ______________

⑦ 식물의 밑부분으로, 땅속에 묻혀 수분을 빨아올리는 기관 ______________

⑧ 사과나무의 사과처럼 꽃이 지고 난 뒤 그 자리에 생기는 것 ______________

2. 다음 보기에서 알맞은 것을 골라 문장을 완성해 보십시오.

보기

썩다	날리다	가리다	퍼뜨리다
풍기다	알아보다	운반하다	유인하다

(1) 우리는 10년 만에 만났는데도 서로를 쉽게 ________________.

(2) 그 가게는 앞에 있는 큰 건물에 ________________ 잘 보이지 않았다.

(3) 경찰은 아이를 납치한 범인에게 만나서 돈을 주겠다고 ________________ 붙잡았다.

(4) 사람들은 자신의 소원을 적은 메모를 풍선에 매달아 하늘 높이 ________________ 보냈다.

(5) 한옥을 지을 때 쓸 나무를 서울까지 안전하게 ________________ 위해 대형 트럭을 불렀다.

(6) 마이클 씨는 나에 대한 이상한 말을 친구들에게 ________________ 나를 곤란하게 만들었다.

(7) 지난주에 산 사과를 냉장고 안에 두지 않고 밖에 두었더니 몇 개가 까맣게 ________________ 버렸다.

(8) 어디선가 ________________ 지독한 냄새 때문에 주변을 보았더니 모퉁이에 쓰레기가 잔뜩 있었다.

memo

문법 익히기

-다고 해서

동사, 형용사에 붙어 들은 내용이 뒤 문장의 내용을 행하는 이유 중의 하나임을 나타낸다.

예 • A: 이 코트가 다른 거에 비해 가격이 좀 비싸서 그런지 질이 더 좋아 보이지 않아요?
B: 글쎄요. 아까 본 거랑 달라 보이지 않는데요. 가격이 **비싸다고 해서** 품질이 반드시 좋은 건 아니에요.

• 책을 많이 읽으면 어휘력도 **향상된다고 해서** 요즘 시간이 있을 때마다 독서를 하고 있다.

• 좋은 대학교에 **입학했다고 해서** 모두 취직이 쉽게 되는 것이 아님을 명심해야 한다.

연습 다음 보기에서 알맞은 것을 골라 '-다고 해서'를 사용해서 문장을 완성해 보십시오.

보기

따다 젊다 나쁘다 갖추다 경험하다

(1) 나이가 ________________ 자신의 건강을 과신하면 절대로 안 된다.

(2) 이번 경기 결과가 예상보다 ________________ 벌써부터 실망할 필요는 없다.

(3) 한두 번 실패를 ________________ 일을 쉽게 포기하는 것은 바람직하지 않다.

(4) 지난 4년 동안 학점만 잘 ________________ 유학 생활을 성공적으로 한 건 아니다.

(5) 편리한 기숙사, 넓은 컴퓨터실과 같이 시설을 잘 ________________ 무조건 훌륭한 교육기관이라고 생각해서는 안 된다.

전략 익히기

필요한 세부 정보 파악하기

글을 읽을 때 필요한 정보를 골라 읽기 위해서는 먼저 글을 읽기 전에 글에서 찾아내야 할 정보가 무엇인지 생각해야 한다. 그리고 글을 대충 훑어 읽으면서 찾을 정보가 있는 단락을 먼저 찾고 그 단락을 상세히 읽으면서 내용을 파악한다. 필요한 세부 정보를 찾은 후에는 해당하는 내용에 밑줄을 긋거나 표시를 한다.

예

다음은 '심장마비'에 대한 내용입니다. 필요한 세부 정보를 파악해 보십시오.

파악해야 할 세부 정보

① 심장마비의 발생 원인　　② 심장마비의 정의

산소가 풍부한 혈액을 온몸에 공급하기 위해 심장은 한순간도 쉬지 않고 1분에 평균 60회 뛴다. 그런데 ①혈액이 응고되거나 지방이 굳어 혈관에 쌓이면 바로 위험한 상태에 빠지게 된다. 이러한 이유로 ②심장이 뛰지 않고 갑자기 멈추는 것을 심장마비라고 하는데 심장마비가 발생하면 뇌손상을 입거나 사망하게 된다.

연습 **다음을 읽고 필요한 세부 정보를 파악해 보십시오.**

1. '집중을 위한 학습 환경'에 대한 내용입니다.

파악해야 할 세부 정보

① 집중을 위한 책상 주변 정리 방법　　② 집중하기 좋은 의자

집중이 잘 되게 하려면 공부방은 어떻게 만들어야 할까? 책상 주변을 깨끗하게 정리하는 것이 좋다. 책상 위에 사진 혹은 기념품이 있거나 물건이 많으면 집중하기 어렵다. 전등, 책, 필기도구 외에 주의를 분산시킬 만한 물건은 없애야 한다. 의자도 너무 딱딱하지도 푹신하지도 않은 것이 좋다. 20분에서 30분 정도 앉아 불편 없이 공부할 수 있는 것이어야 한다.

2. '자연과학의 분류'에 대한 내용입니다.

파악해야 할 세부 정보

① 자연과학의 분류 ② 화학과 생물학에서 다루는 분야

자연과학은 보통 어떻게 분류될까? 가장 보편적인 분류는 물리학, 화학, 생물학, 지구과학, 천문학으로 나누는 것이다. 이 학문들은 각각 다루는 대상이 다르다. 물리학은 운동을 일으키는 힘, 에너지를 다루며, 화학은 물질의 성질과 구성, 변화를 다룬다. 생물학은 생물의 구조, 진화를, 지구과학은 기상, 지질 등을 다룬다. 천문학에서는 태양, 달, 별의 운동을 연구한다.

3. '보름달과 사람의 감정'에 대한 내용입니다.

파악해야 할 세부 정보

① '보름달과 사람의 감정'이 연관성이 있다는 근거
② '보름달과 사람의 감정'이 연관성이 없다는 근거

사람들이 과학적 근거 없이 믿는 것 중의 하나는 달이 커지고 작아지는 달의 주기 변화가 사람의 감정에 영향을 준다는 것이다. 이에 대한 그럴듯한 과학적인 설명도 있다. 보름달이 되면 달의 끌어당기는 힘인 인력이 가장 커져 밀물과 썰물에 영향을 준다. 또 사람의 호르몬 변화에도 영향을 준다. 그래서 심하면 공격적인 성향으로 변한다는 것이다. 하지만 미국의 한 천문학자가 이러한 주장에 과학적인 근거가 없음을 밝혔다. 이 과학자는 1971년부터 1981년까지 미국 대도시에서 일어난 살인 사건을 조사했다. 그 결과 10년 동안 수천 건의 살인 사건이 발생했지만 보름달이었을 때 특별히 더 많이 발생하지는 않았음을 밝혀냈다.

읽기

식물의 번식에 대한 글 읽기

다음을 읽고 물음에 답하십시오.

식물의 번식

〈충매화〉

식물은 번식을 위해 대부분 꽃을 피운다. 꽃 속에는 암술과 수술이 있고 수술의 꽃가루가 암술에 떨어지는 것을 '수분'이라고 한다. 꽃 안에 암술과 수술이 모두 있어 한 꽃에서 수분되는 경우도 있지만 다른 꽃의 꽃가루를 받아 수분해야 하는 식물들은 곤충, 바람, 새를 이용한다. 이때 무엇이 꽃가루를 운반하느냐에 따라 충매화, 풍매화, 조매화로 구분된다.

충매화는 장미, 복숭아꽃 등과 같이 벌, 나비, 파리 같은 곤충에 의해 수분되는 꽃을 말한다. 충매화는 아름답고 화려한 꽃의 색깔, 강한 향기, 달콤한 꿀로 곤충들을 유인한다. 강한 향기는 멀리까지 퍼지기 때문에 다른 나무들에 가려 꽃이 잘 보이지 않더라도 곤충들은 쉽게 꽃을 찾을 수 있다. 벌과 나비에 의해 수분되는 충매화의 색깔은 이 곤충들이 잘 알아볼 수 있는 노란색과 푸른색이 가장 많다. 파리에 의해 수분되는 식물은 썩은 고기 냄새나 생선 비린내를 풍겨 파리를 유인한다. 이 냄새를 맡고 파리가 이 꽃 저 꽃으로 이동하면서 꽃가루를 퍼뜨리는 것이다.

풍매화는 소나무, 단풍나무, 은행나무와 같이 바람에 의해 수분이 되는 식물의 꽃을 말한다. 바람에 꽃가루를 날려 보낸다고 해서 다 다른 식물의 암술에 정확하게 내려앉을 수 있는 것이 아니기 때문에 풍매화는 엄청나게 많은 꽃가루를 만들어 날려 보낸다. 그리고 풍매화는 곤충이 아니라 바람으로 수분하기 때문에 꽃이 화려하거나 향기가 강하지 않다. 꽃에 벌과 나비를 유인하는 꿀도 없다. 그렇다면 왜 곤충이 아닌 바람으로 꽃가루를 날려 보내는 것일까? 이 식물들은 짧은 시간에 한꺼번에 많은 꽃을 피우기 때문에 수분을 도와줄 곤충을 확보하는 것이 어려워 바람을 이용하는 것이다.

〈조매화〉

조매화는 새에 의해 수분되는 식물의 꽃을 말한다. 새를 유인해야 하는 조매화는 대부분 크고 색깔이 두드러진다. 그리고 새들이 좋아하는 꿀이 꽃에 있지만 향기는 거의 없다. 왜냐하면 새는 후각이 발달하지 않아서 꽃의 향기를 거의 맡을 수 없기 때문이다. 대표적인 조매화에는 동백나무의 꽃인 동백꽃, 무궁화, 알로에 꽃 등이 있다.

동백꽃은 동박새라는 새가 수분을 도와준다. 동백꽃이 피는 추운 겨울에는 나비, 벌과 같은 곤충이 없어 곤충들이 수분을 도와줄 수 없다. 그래서 동박새라는 새가 겨울 내내 동백꽃의 꿀을 먹으면서 수분을 해 주는 것이다.

식물은 인간보다 훨씬 더 오래전에 이 지구상에 등장했다. 그리고 지금까지 식물이 생존할 수 있었던 것은 주어진 자연환경에 적응하면서 곤충, 바람, 새 등의 도움을 받는 충매화, 풍매화, 조매화로 번식해 왔기 때문이다.

1. 이 글에 있는 내용이 아닌 것은 무엇입니까?

① 수분의 정의

② 수분을 하는 곤충

③ 수분이 불가능한 식물

2. 풍매화에 대한 설명이 아닌 것은 무엇입니까?

① 꽃의 향기가 강하다.

② 꽃가루를 많이 만든다.

③ 꽃의 색깔이 화려하지 않다.

3. 식물의 번식에 대한 설명으로 알맞은 것은 무엇입니까?

① 풍매화가 향기가 없는 이유는 새의 후각이 발달하지 않았기 때문이다.

② 파리에 의해 수분되는 충매화에서는 썩은 고기 냄새나 생선 비린내가 난다.

③ 조매화는 거의 동시에 많은 꽃을 피우기 때문에 곤충에 의해 수분되기 어렵다.

4. 이 글의 서술 방식으로 알맞은 것은 무엇입니까?

① 꽃의 수분 방식에 따라 분류해 설명하고 있다.

② 꽃의 특징에 따른 수분 가능성을 분석하고 있다.

③ 꽃의 색깔과 수분 방식의 인과관계를 증명하고 있다.

5. 다음에서 제시한 충매화의 세부 정보를 찾아 써 보십시오.

① 향기가 진한 이유

____

② 벌과 나비에 의해 수분되는 꽃의 색깔과 그 이유

____

생각 넓히기

다음은 한국에서 자주 볼 수 있는 꽃입니다. 이 꽃들 중에서 하나를 골라 어떻게 생겼는지, 색깔은 어떤지 등 특징에 대해 이야기해 보십시오.

나팔꽃

개나리꽃

진달래꽃

무궁화

꽃 이름		
꽃의 특징	색깔	
	향기	

동물의 의사소통

준비하기

1. 다음 동물은 어떤 방법으로 의사소통을 할 것 같습니까? 다음을 보고 각 동물의 의사소통 방법에 대해 이야기해 보십시오.

공작의 장식깃

개미의 페로몬(pheromone)

돌고래의 초음파

꿀벌의 춤

2. 다음은 동물들이 의사소통을 하는 목적입니다. 여러분이 알고 있는 것에 대해 이야기해 보십시오.

- 반가움을 표현한다.
- 자신의 영역을 표시한다.
- 이성의 관심을 끌고 사랑을 구한다.
- 적의 공격 상황을 동료에게 알린다.
- 맛있는 먹이가 있는 곳을 동료에게 알린다.

어휘 익히기

1. 다음은 동물의 의사소통과 관련된 어휘입니다. 보기에서 알맞은 것을 골라 문장을 완성해 보십시오.

보기

꼬리를 흔들다	냄새를 맡다	무리를 짓다
원을 그리다	위험을 감지하다	신호를 보내다

(1) 지진이 나기 전에 동물들은 ________________ 안전한 곳으로 이동한다.

(2) 어떤 동물들은 ________________ 날개를 펴는 등의 시각적 신호를 통해 의사소통을 한다.

(3) 선장이 끝까지 배에 남아 구조를 요청하는 ________________ 선원 모두의 생명을 구할 수 있었다.

(4) 꿀벌은 먹이를 발견하고 다른 벌들에게 먹이가 있는 장소를 알리는데, 이때 ________________ 춤을 춘다.

(5) 개나 고양이는 다른 동물의 엉덩이에 코를 대고 ________________ 것이 처음 만났을 때의 인사법이라고 한다.

(6) 그 곤충학자는 혼자 생활하는 곤충에 비해 ________________ 사는 곤충이 더 영리하다는 흥미로운 결과를 발표했다.

2. 다음을 읽고 알맞은 것을 고르십시오.

(1) 자동차에서 (배출되는, 배제되는) 매연은 심각한 환경오염을 일으킨다.

(2) 냉장고나 텔레비전이 부유층의 (공유물, 전유물)이라 생각하던 때가 있었다.

(3) 그 발레리나는 발끝으로 (감는, 도는) 연습을 하루에 10시간씩 했다고 한다.

(4) 산세베리아(Sansevieria)에서 (발산되는, 발열되는) 물질은 공기를 깨끗하게 한다.

(5) 정부는 올림픽을 앞두고 국제공항 (경고, 경계) 근무를 강화하겠다고 발표했다.

(6) 군사 훈련에서 내가 맡은 임무는 적의 움직임을 (정찰하는, 성찰하는) 일이었다.

문법 익히기

-(으)ㄴ/는/(으)ㄹ 만큼

동사, 형용사에 붙어 앞의 내용에 비슷한 정도나 수량임을 나타낸다.

예
- A: 그 학생의 과제 발표는 어땠습니까?
  B: 그 강의를 듣는 모든 학생들이 최고의 발표라고 **인정할 만큼** 훌륭했습니다.
- 예술 작품을 감상할 때 **아는 만큼** 보인다는 말이 있다.
- 산 정상에 도착하려면 지금까지 **걸어온 만큼** 더 가야 한다.

연습 **다음 보기에서 알맞은 것을 골라 '-(으)ㄴ/는/(으)ㄹ 만큼'을 사용해서 대화를 완성해 보십시오.**

보기

보이다　　일하다　　기다리다　　알아듣다　　우승하다

(1) A: 수잔 씨가 노래를 얼마나 잘 불러요?
B: 노래 경연 대회에서 ________________ 잘 불러요.

(2) A: 새해에는 어떤 사회가 되기를 바랍니까?
B: 열심히 ________________ 대우를 받는 사회가 됐으면 해요.

(3) A: 어제 입사하고 싶어 하는 회사 면접이 있었죠? 면접은 잘 봤어요?
B: 아니요. 질문을 ________________ 긴장해서 잘 못 봤어요.

(4) A: 진료를 받으려면 얼마나 더 있어야 할까요?
B: 글쎄요. 정확하진 않지만 ________________ 더 계셔야 할 것 같아요.

(5) A: 어제 새벽에 안개 때문에 운전하기 힘들었어요.
B: 맞아요. 바로 앞차도 ________________ 안개가 끼어서 저도 긴장하고 운전했어요.

전략 익히기

예시의 글 쓰기

예시는 구체적인 예를 들어 어떤 사물이나 현상을 설명하는 방법이다. 적절한 예를 들면 글을 읽는 사람들이 이해하는 데 도움을 줄 수 있다. 예시의 글을 쓸 때는 글에 대한 타당성을 확보할 수 있도록 많은 사람들이 공감하는 대표적인 예를 제시하는 것이 좋다.

표현	예문
예를 들어/예를 들면/이를테면	동양 신화와 서양 신화에는 차이점이 있다. **예를 들어** 동양 신화에서 용은 인간을 돕는 유익한 존재이지만 서양 신화에서는 사악한 존재이다.
예컨대 ○이/가 있다	생활 주변에는 천연 방향제로 활용할 수 있는 재료가 의외로 많다. **예컨대** 과일껍질이나 사용하고 남은 원두 찌꺼기, 허브 **등이 있다**.
그 예로 ○을/를 들 수 있다	현대인들이 즐길 다양한 매체들이 등장하면서 라디오의 영향력이 많이 줄었다. **그 예로 유튜브(YouTube)를 들 수 있다**.
또 다른 예를 살펴보면 다음과 같다	**또 다른 예를 살펴보면 다음과 같다**. 소비자의 성향 변화로 한 장소에서 여러 상품을 구매할 수 있는 대형 할인점이나 쇼핑몰이 등장했다.

예

다음은 '지역 축제'에 대한 내용입니다. 예시의 글을 써 보십시오.

주제	지역을 알리는 좋은 방법 중의 하나는 지역 축제를 개발하는 것이다.
예시	전라남도 함평군의 '나비 축제' • 산업자원, 관광자원, 천연자원이 없는 농촌이었다. • 100만 명 이상의 관광객이 찾는 지역이 되었다.

⇩

지역을 알리는 좋은 방법 중의 하나는 지역적 특성을 살린 지역 축제를 개발하는 것이다. **그 예로 전라남도 함평군을 들 수 있다**. 함평군은 산업자원, 관광자원, 천연자원이 없는 농촌이었다. 그러나 함평군의 청정한 이미지를 살려 오염되지 않은 곳에서 사는 나비를 주제로 하는 축제를 만들었다. 현재 나비 축제를 보기 위해 매년 100만 명 이상의 관광객이 함평을 찾게 되었다.

연습 다음을 보고 예시의 글을 써 보십시오.

1. '물속 생물과 수질과의 관계'에 대한 내용입니다.

주제	물속 생물을 보고 수질을 알 수 있다.
예시	• 산천어: 가장 맑고 깨끗한 물에서만 산다. → 마실 수 있다. • 실지렁이: 오염된 물에서 산다. → 공업용으로만 사용할 수 있다.

산천어

실지렁이

⇩

2. '민간 차원의 국제적 교류'에 대한 내용입니다.

주제	공식적 외교뿐만 아니라 민간 차원의 국제적 교류와 협력이 활성화되고 있다.
예시	• 문화 외교: 한국 드라마, 영화, K-pop 등은 한국의 문화를 알리고 친숙한 이미지를 만드는 데 중요한 역할을 하고 있다. • 봉사 외교: 세계 곳곳에서 봉사 활동을 하는 사람들은 현지 주민의 생활 수준을 향상시키고 한국의 국제적 위상을 높이는 데 기여하고 있다.

⇩

쓰기 — 동물의 의사소통에 대한 글 쓰기

1. 다음을 보고 꿀벌과 개미의 의사소통에 대해 이야기해 보십시오.

(1) 꿀벌

- 원형춤(The Round Dance)
  - 꿀이 벌집에서 가까운 곳에 있다.
  - 한 번은 시계 방향으로, 또 한 번은 시계 반대 방향으로 원을 그리며 돈다.

- 8자춤(The Tail-Wagging Dance)
  - 꿀이 벌집에서 멀리 있다.
  - 8자춤의 중심선과 태양의 각도로 꿀이 있는 방향을 알려 준다.

(2) 개미

- 경보 페로몬(alarm pheromone)
  - 적을 만났을 때 발산되어 동료들이 경계 활동을 하게 한다.
- 냄새길 페로몬(trail pheromone)
  - 먹이로부터 집까지 간 길을 기억하거나 다른 동료들에게 알린다.

2. 동물의 의사소통에 대한 글을 쓰려고 합니다. 동물의 의사소통에 대해 조사하여 메모해 보십시오.

동물	의사소통 방법과 내용

3. 동물의 의사소통에 대한 예시의 글을 완성해 보십시오.

동물의 의사소통

의사소통은 인간만의 전유물이 아니다. 동물들도 다양한 방법으로 의사소통을 한다. 동물들도 발달된 기억력을 가지고 있으며 문제를 해결하고 높은 수준의 의사소통을 할 줄 안다. 그럼 지금부터 똑똑한 동물들을 살펴보도록 하자.

이렇듯 동물들도 예민한 감각을 이용해 환경을 인식하고 그들만의 신호로 정보를 주고받으며 의사소통하면서 사회를 형성하고 살아간다.

생각 넓히기

다음 동물들은 어떤 방법으로 의사소통하는지, 주로 어떤 목적으로 의사소통하는지 등에 대해 이야기해 보십시오.

딱따구리

박쥐

고릴라

Q

1. 여러분 나라는 어떤 지형적 특징을 가지고 있습니까?
   그러한 지형이 형성된 원인은 무엇입니까?

2. 산업의 발달은 그 지역이 가지고 있는 어떤 요인의 영향을 가장 많이 받는다고 생각합니까?
   그 이유는 무엇입니까?

제6과

지형과 산업

[읽기] 한국의 지형

어휘 익히기 **한국의 지형 관련 어휘**
문법 익히기 **-아/어 내다**
전략 익히기 **내용적 흐름 파악하기**
읽기 **한국의 지형에 대한 글 읽기**

[쓰기] 산업의 발달

어휘 익히기 **산업 관련 어휘**
문법 익히기 **-자**
전략 익히기 **원인·결과의 글 쓰기**
쓰기 **산업의 발달에 대한 글 쓰기**

06
읽기

한국의 지형

준비하기

1. 다음은 한국의 다양한 지형입니다. 이런 지형은 어떻게 만들어졌을 것 같습니까? 여러분이 알고 있는 것을 이야기해 보십시오.

산(강원도 설악산)

해안(제주도 용머리해안)

평야(충청남도 삽교평야)

강(전라북도 금강)

2. 다음은 한국 지형의 특징을 보여 주는 그림입니다. 그림으로 무엇을 알 수 있습니까? 이야기해 보십시오.

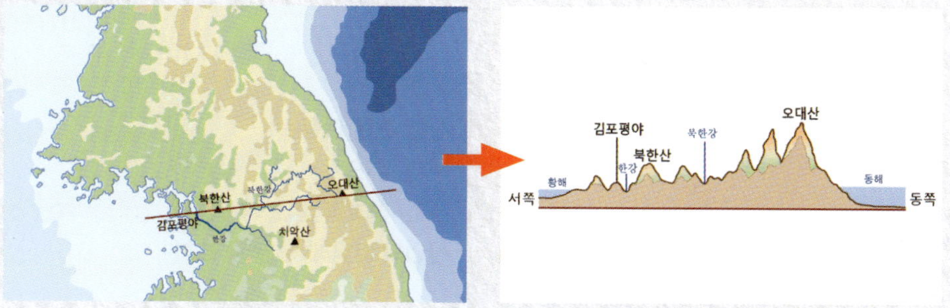

어휘 익히기

1. 다음은 한국의 지형과 관련된 어휘입니다.

(1) 밑줄 친 어휘의 의미를 추측해 보십시오.

① 이 해수욕장은 수심이 깊지 않아 아이들이 놀기에 적당하다.

② 북유럽 지역은 오래전 빙하에 의해 깎여서 침식된 지형이 많다.

③ 산이 많은 나라는 산지를 논밭으로 만들어 농경지로 이용해 왔다.

④ 현재 해안선은 기온의 상승으로 인하여 빙하가 녹아 변동된 것이라고 한다.

⑤ 그 산은 정상까지 3시간 정도 걸리지만 길이 평탄해서 등산하기에는 그렇게 힘들지 않다.

⑥ 지진은 지구의 바깥 부분인 지각이 서로 부딪힐 때 힘이 약한 부분이 깨지면서 발생한다.

⑦ 만일 강 상류에서 장마가 나면 강의 아래쪽에 있는 하류 지방의 피해는 더욱 커질 것이다.

⑧ 바람이 바위 아랫부분을 지속적으로 깎아서 버섯 모양이 된 버섯바위는 풍화 작용에 의해 생긴 것이다.

(2) 다음은 (1)에서 제시한 어휘의 의미입니다. 의미에 알맞은 어휘를 찾아 써 보십시오.

① 바닥이 평평하다 ____________

② 바뀌어 달라지다 ____________

③ 강의 아래쪽 부분 ____________

④ 바람이 바위를 깎는 것 ____________

⑤ 강, 바다, 호수 등의 깊이 ____________

⑥ 지구의 바깥쪽, 껍데기 부분 ____________

⑦ 들판이 적고 산이 많은 지역 ____________

⑧ 비, 바람, 빙하 등에 의해 땅이 깎이다 ____________

2. 다음 보기에서 알맞은 것을 골라 문장을 완성해 보십시오.

보기			
경사	갯벌	밀물	뼈대
단조롭다	빼어나다	완만하다	험준하다

(1) 그녀는 탄탄한 연기력과 ________________ 미모로 많은 사람들의 인기를 얻고 있다.

(2) 현대 직장인들 대부분은 매일 반복되는 ________________ 일상에서 벗어나기를 꿈꾼다.

(3) 그 건물은 건축 회사에 문제가 생겨서 ________________만 겨우 세워 놓고 건축 공사가 중단되었다.

(4) 설악산 정상인 대청봉에 오르는 가장 빠른 등산로는 ________________이/가 급해서 오르기가 힘들다.

(5) 나는 높아서 올라가기 힘든 산보다 산세가 ________________ 대화하며 걸을 수 있는 산을 더 좋아한다.

(6) 세워진 지 천 년이 된 이 절은 ________________ 산 속에 지어져서 찾아오는 사람이 별로 없다고 한다.

(7) 바닷물의 온도 차이나 ________________와/과 썰물의 차이를 이용하여 얻는 에너지도 중요한 자원이 되고 있다.

(8) 한국의 서해안에는 바닷물이 들어왔다 나가는 ________________이/가 많은데 여기에서는 누구든지 조개나 꽃게 등을 잡을 수 있다.

문법 익히기

-아/어 내다

동사에 붙어 앞의 행동이 끝내 이루어짐을 나타낸다. 주로 그 행동이 힘든 과정임을 보일 때 쓴다.

예
- A: 새로운 자동차를 만들려면 시간이 얼마나 걸릴까요?
  B: 자동차에 따라 차이가 있긴 하지만 이번 W 자동차는 **개발해 내는** 데 2년 정도의 시간이 걸렸다고 합니다.
- 그 대학은 그동안 많은 인재를 **길러 낸** 훌륭한 학교이다.
- 그 가수는 한국 전통 가락에 랩의 리듬을 더해서 새로운 음악을 **만들어 냈다.**

연습 **다음 보기에서 알맞은 것을 골라 '-아/어 내다'를 사용해서 대화를 완성해 보십시오.**

보기

견디다 그리다 밝히다 이기다 생각하다

(1) A: 이번 화재의 원인을 찾았습니까?
B: 화재의 원인을 ________________ 노력했으나 끝내 밝히지 못했습니다.

(2) A: 회사 직원 문제로 그렇게 걱정하더니 일이 잘 해결됐네요.
B: 며칠 동안 고민한 끝에 좋은 방법을 ________________.

(3) A: 그 수술은 시간이 많이 걸려서 어른에게도 힘든 수술인데 어린아이가 잘 참을 수 있었나요?
B: 네. 어린아이인데도 10시간이나 걸리는 수술을 잘 ________________ 합니다.

(4) A: 헬렌 켈러(Helen Keller)의 어떤 점이 그 사람을 특별하게 만들었을까요?
B: 힘든 시련을 ________________ 강한 정신력이 헬렌 켈러를 특별한 인물로 만들었다고 생각합니다.

(5) A: 지난번에 추천해 준 소설을 정말 시간이 가는 줄 모르고 읽었어요.
B: 그렇죠. 작가가 주인공의 심리를 잘 ________________ 소설 속 상황에 푹 빠져 읽게 되더라고요.

전략 익히기

내용적 흐름 파악하기

글을 구성하고 있는 각 문장은 서로 내용적으로 관련성을 가지고 있다. 글을 읽을 때는 이런 문장 간의 내용적 흐름을 파악하며 읽어야 한다. 전후 문장 내용이나 문장 간의 관계를 살펴보면 글의 내용적 흐름을 파악할 수 있다.

예

다음은 '제주도 오름'에 대한 내용입니다. 내용적 흐름을 파악해 보십시오.

제주도에서는 한라산이 화산 활동을 하면서 지각 변동이 일어났다. **A** 오름이란 큰 화산인 한라산 주변에 흩어져 있는 작은 화산을 가리키는 말이다. B 한국에는 제주도 한라산 근처에 약 370개의 오름이 있다. C 제주도에서는 작은 산을 오름이라고 부른다.

들어갈 문장

이로 인해 제주도 여러 곳에 특징적인 지형이 생겼는데 이것이 바로 오름이다.

연습 **다음을 읽고 내용적 흐름을 파악하여 〈들어갈 문장〉이 들어갈 곳을 골라 보십시오.**

1. '인터넷 종량제'에 대한 내용입니다.

최근 네티즌 사이에서 인터넷 종량제에 관한 논쟁이 뜨겁다. A 인터넷 종량제란 인터넷을 사용한 만큼 요금을 내는 것을 말한다. B 또한 인터넷을 너무 많이 사용하는 사람으로 인해 인터넷 속도가 느려지는 현상에 대한 해결책도 될 수 있다. C 왜냐하면 인터넷을 지나치게 많이 쓰는 사람은 그 만큼 요금을 더 내야 하기 때문이다.

들어갈 문장

이러한 인터넷 종량제는 사용량에 관계없이 일정 요금을 내는 정액제보다 합리적인 요금제이다.

2. '미의 기준'에 대한 내용입니다.

미로의 비너스, 양귀비, 클레오파트라, 황진이 등은 언제나 미인의 전형으로 손꼽혀 왔다. [A] 그런데 미인의 대표로 생각되는 이들은 살던 시대도 장소도 달랐다. [B] 외모 또한 다른 모습이었다. [C] 이들의 외모에서는 공통점을 찾기도 어려울 뿐더러 그 기준이 무엇인지를 말하기는 더욱 어렵다.

들어갈 문장

예를 들어 이집트에서는 높은 코의 클레오파트라를 미인으로 생각했으나 중국에서는 통통하고 동그란 얼굴의 양귀비를 미인으로 여겼다.

3. '지구의 대기'에 대한 내용입니다.

지구의 대기는 열을 흡수함으로써 지상의 생물을 보호하는 역할을 한다. [A] 태양은 지구를 따뜻하게 할 에너지를 공급해 주고, 지구는 태양 에너지를 우주 공간으로 되돌려 보낸다. [B] 열을 가두어 농작물을 추위로부터 보호하는 역할을 하는 것이다. [C] 대기의 이러한 작용은 지구가 생물이 살아가기에 적당한 온도를 일정하게 유지하도록 한다.

들어갈 문장

그런데 대기 중의 수증기나 이산화탄소는 지구가 우주로 보내는 열의 일부를 다시 지구로 보낸다.

읽기 한국의 지형에 대한 글 읽기

다음을 읽고 물음에 답하십시오.

한국의 지형

산, 강, 평야, 해안 등과 같은 땅의 모양을 지형이라고 하는데 한국에도 다양한 지형이 있다. 한국은 국토의 약 70%가 산지로 이루어져 있다. 그러나 오랜 침식과 풍화 작용으로 높은 산은 많지 않아 200-500m의 낮은 산지가 국토의 약 40%를 차지한다.

한국의 지형

한국은 지각 운동으로 동쪽은 높고, 서쪽은 낮은 '동고서저(東高西低)' 지형을 이룬다. 2,000m 이상의 높고 험준한 산은 동쪽과 북쪽에 있다. **A** 여러 산은 연속적으로 이어져 산맥을 이루는데 가장 높은 백두산에서 시작된 산맥은 동쪽의 금강산, 설악산을 지나 남쪽의 지리산까지 이어져 한국의 뼈대를 이루고 있다. **B** 한국은 이러한 지형적 특징으로 철도나 고속도로가 대부분 남북 방향으로 놓여 있다. **C** 서쪽은 오랜 기간 침식으로 낮아진 평탄한 지형을 이룬다. 이러한 과정에서 상대적으로 침식에 강한 부분만 산으로 남게 되었다. 이러한 산은 보통 바위산이 많은데 서쪽에 있는 북한산, 관악산, 무등산, 내장산 등이 여기에 해당된다.

강은 높은 곳에서 낮은 곳으로 흐르면서 땅을 깎아 내고 침식된 물질을 낮은 곳으로 운반하여 땅을 평탄하게 만드는 역할을 한다. 한국은 동쪽이 서쪽보다 높아 동쪽의 산에서 시작된 강은 주로 서쪽으로 흐른다. 한국의 대표적인 큰 강인 한강, 금강, 영산강 등은 모두 동쪽의 산맥에서 시작해서 서쪽으로 흘러간다. 강의 상류 지역은 경사가 급하여 물의 흐름이 빠르기 때문에 계곡이나 폭포가 만들어지고, 강의 하류 지역은 경사가 완만하여 물의 흐름이 느리기 때문에 평야가 발달한다.

한국은 동해안, 서해안, 남해안 삼면이 바다인 반도 국가이다. 해안 지형은 오래전 꽁꽁 얼어붙었던 지구가 녹으면서 생겨났다. 얼음이 녹아 물이 되자 바닷물의 높이가 높아져 높이가 낮은 땅은 물속으로 가라앉았고, 조금 높은 땅은 윗부분만 남아 섬이 되었다. 동해안은 해안선이 단조롭고 모래사장이 넓어 해수욕장이 발달했으며 수심이 깊다. 반면에 서해안과 남해안은 해안선이 복잡하고 섬과 만, 곶, 반도가 많다. '만'은 바다가 육지 쪽으로 들어온 곳을 말하며, '곶'은 육지가 바다 쪽으로 나와서 바다로 둘러싸인 곳을 말하는데 곶보다 규모가 크면 '반도'라고 한다. 또한 서해안과 남해안은 밀물과 썰물의 차가 커서 갯벌이 넓게 펼쳐져 있다. 특히 남해안에는 2,000여 개의 섬이 있어서 남해를 '섬이 많은 바다'라는 뜻으로 '다도해'라고 부르기도 한다.

한국은 삼면이 바다와 접하며 산지가 많아서 다양한 지형이 분포한다. 이들 지형 가운데는 경관이 빼어난 곳이 많아서 관광자원으로도 활용된다.

1. 한국의 지형에 대한 설명으로 맞지 않는 것은 무엇입니까?

① 한국은 삼면이 바다인 반도 국가이다.
② 한국은 지각 운동으로 인해 국토의 40%가 높은 산지이다.
③ 한국에서 2,000m 이상의 높은 산은 북쪽과 동쪽 지역에 있다.

2. 동고서저 지형의 영향으로 생긴 결과는 무엇입니까?

① 평야는 주로 동쪽 지역에서 발달했다.
② 강은 대부분 동쪽에서 서쪽으로 흐른다.
③ 핵심적인 교통로가 동서 방향으로 놓여 있다.

3. 해안 지형 생성에 대한 설명으로 맞는 것은 무엇입니까?

① 해안 지형은 지각 운동으로 생겨났다.
② 해안 지형은 빙하가 녹으면서 생겨났다.
③ 해안 지형은 침식과 풍화 작용으로 생겨났다.

4. 이 글의 내용과 같은 것은 무엇입니까?

① 서해안은 섬이 많아서 다도해라고 한다.
② 동해안은 해안선이 복잡하고 모래사장이 넓다.
③ 만은 바다가 육지 쪽으로 들어온 해안 지형을 말한다.

5. 다음 내용은 A, B, C 중 어디에 들어가야 합니까?

> 험준한 산지가 동쪽에 치우쳐 있어서 동서 방향의 교통에 장애가 되었기 때문이다.

① A　　② B　　③ C

생각 넓히기

다음은 세계적으로 유명한 곳입니다. 이곳은 어떻게 형성되었을까요? 지형적 특징에 대해서 이야기해 보십시오.

스위스의 로트호른(Rothorn)

오스트레일리아의 울루루(Uluru)

사하라(Sahara)의 사막 모래 언덕

노르웨이의 피오르(fjord)

06

쓰기

산업의 발달

준비하기

1. 다음은 각 국가에서 발달한 산업입니다. 왜 다음과 같은 산업이 발달하게 되었는지 이야기해 보십시오.

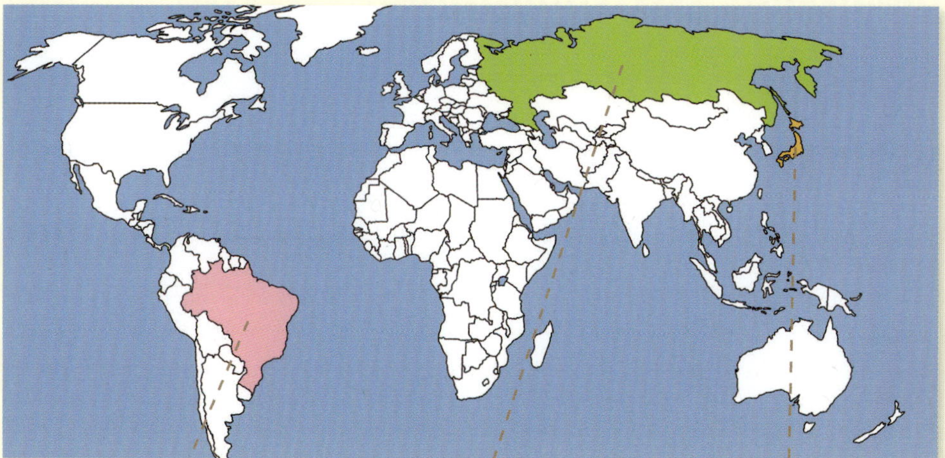

브라질 농업

러시아 임업

일본 어업

2. 여러분 나라에서는 어떤 산업이 발달했습니까? 그 산업이 발달하게 된 이유는 무엇입니까? 이야기해 보십시오.

ㄱㄴㄷ 어휘 익히기

1. 다음은 산업과 관련된 어휘입니다. 보기 에서 알맞은 것을 골라 문장을 완성해 보십시오.

보기

업종　　근로자　　자본금　　건설업　　관광업　　제조업

(1) 아버지는 퇴직금을 ________________(으)로 해서 작은 식당을 개업하셨다.

(2) 이탈리아는 아름다운 경치와 여러 문화유산으로 ________________이/가 발달했다.

(3) 그 사람은 대학에서 건축공학을 전공하고 현재 ________________에 종사하고 있다.

(4) 미래에는 물품을 대량으로 만드는 ________________에 더 많은 로봇이 활용될 전망이다.

(5) 이 건물에는 금융, 식품, 통신, 서비스 등 다양한 ________________의 상점이 들어서 있다.

(6) 회사 임원진은 회사에서 일하는 ________________들의 임금 인상 요구를 모두 수용하기로 했다.

2. 다음을 읽고 알맞은 것을 골라 보십시오.

(1) 이 길은 숲이 (망가지고, 우거지고) 경치도 아름다워서 산책하기 좋다.

(2) 커피는 커피 원두가 나는 (명승지, 생산지)가 어디인지에 따라 맛이 다르다.

(3) 얼음 낚시 축제에 수만 명의 관광객들이 (끼어들어, 몰려들어) 인산인해를 이루었다.

(4) 할아버지는 가족들의 사랑이 삶을 살아가는 (원동력, 잠재력)이라고 말씀하시곤 했다.

(5) 그 영화는 남녀노소를 불문하고 전 세대를 (거스르는, 아우르는) 내용으로 흥행에 성공했다.

(6) 도시는 인구 증가로 일자리가 부족한 반면, 농촌은 인구 감소로 (노동력, 지구력)이 부족하다.

문법 익히기

-자

동사에 붙어 앞의 동작이 이루어진 후 바로 뒤의 동작이 일어남을 나타낸다.

예
- A: 김 기자, 화재 현장에서 인명 피해는 없었습니까?
  B: 네. 불이 **나자** 화재 경보음이 울려서 다행히 인명 피해는 없었습니다.
- 선생님이 교실에 **들어서자** 학생들이 모두 자기 자리에 앉았다.
- 국가대표 선수들이 경기장에 **등장하자** 관중은 환호하며 응원의 박수를 보냈다.

연습 **다음 보기에서 알맞은 것을 골라 '-자'를 사용해서 문장을 완성해 보십시오.**

보기

회의가 끝나다	할머니 댁 대문을 열다	무섭게 내리던 비가 그치다
면접관이 지원 동기를 묻다	오케스트라가 무대에 오르다	

(1) ______________________________ 객석이 조용해졌다.

(2) ______________________________ 하늘 위로 무지개가 떠올랐다.

(3) ______________________________ 강아지가 반갑게 꼬리를 흔들며 달려 나왔다.

(4) ______________________________ 회의에 왔던 사람들은 서둘러 자리를 떠났다.

(5) ______________________________ 지원자는 기다렸다는 듯이 자신 있게 대답했다.

전략 익히기

원인·결과의 글 쓰기

어떤 일이 일어나게 된 근본적인 까닭을 원인이라 하고, 그 원인으로 인해 일어난 일을 결과라고 한다. 원인과 결과의 글을 쓸 때는 앞뒤 내용의 인과 관계가 잘 드러나도록 적절한 표현을 사용해서 서술해야 한다.

표현	예문
-(으)ㄴ/는 원인은 ○에서 찾을 수 있다	최근 대학생들이 졸업을 **늦추는 원인은** 심각한 **취업난에서 찾을 수 있다.**
○은/는 ○(으)로 인한 것이었다	이번 **사고는** 사고 위험에 대해 중요하게 생각하지 않는 **안전 불감증으로 인한 것이었다.**
-(으)ㄴ 결과 -게 되었다	몇 달간 꾸준히 투자자를 **설득한 결과,** 투자를 **받게 되었다.**
○은/는 -기 때문이다	환자의 면역력이 떨어진 **것은** 비타민의 섭취량이 **부족했기 때문이다.**

예

다음은 '한국의 유학생'에 대한 내용입니다. 원인과 결과의 글을 써 보십시오.

- 결과 – 한국의 외국인 유학생 수 증가
- 원인 – 한류의 영향으로 한국 노래나 드라마 등에 대한 관심이 한국어와 한국에 대한 관심으로 확대됨
  – 한국 대학이 외국인 유학생들에게 문을 넓힘

⇩

한국의 외국인 유학생 수가 증가하고 있는 원인은 무엇일까? 가장 큰 원인은 한류라고 할 수 있다. 외국 학생들의 한국 노래나 드라마 등에 대한 관심이 한국어와 한국에 대한 관심으로 **확대된 결과,** 한국 유학으로 **이어지게 되었다.** 유학생이 **증가한 원인은** 한국 대학이 외국인 유학생들에게 문을 넓힌 **것에서도 찾을 수 있다.**

연습 다음을 읽고 원인과 결과의 글을 써 보십시오.

1. '사막화'에 대한 내용입니다.

- 사막화는 사막 주변이나 초원 지대가 점점 사막으로 변해 가는 현상임
- 결과 – 지구의 급속한 사막화
- 원인 – 장기간 지속된 극심한 가뭄
  – 과도한 벌목과 환경오염으로 숲이 파괴됨

⇩

2. '왕의 수명'에 대한 내용입니다.

- 현대인의 평균 수명은 80세를 넘어서지만 조선 시대 왕들의 평균 수명은 46세임
- 결과 – 조선 시대 왕들의 수명이 짧음
- 원인 – 영양 섭취량에 비해 운동량이 부족함
  – 당시 의학 기술의 한계

⇩

쓰기 　산업의 발달에 대한 글 쓰기

1. 다음은 한국 지도입니다. 각 지역의 지형, 기후 등이 어떻습니까? 어떤 산업이 발달했습니까? 그림을 보고 이야기해 보십시오.

〈관광업 발달〉
- 자연 경치가 빼어남
- 산지가 많고 눈이 많이 내림

〈농업 발달〉
- 평야가 발달함
- 기후가 온화하고 강수량이 풍부함

2. 산업의 발달에 대한 글을 쓰려고 합니다. 각 지역의 지리적 환경과 그에 따라 발달한 산업을 조사해 써 보십시오.

지역	지리적 환경	발달한 산업

3. 산업의 발달에 대한 원인과 결과의 글을 완성해 보십시오.

산업의 발달

한 지역에서 어떤 산업이 발달하는지는 그 지역의 지리적 환경과 밀접한 관련이 있다. 예를 들어 바다로 둘러싸인 섬에서는 수자원을 활용하여 어업이 발달하기 쉽고, 숲이 우거진 산지에서는 자연스럽게 임업이 발달할 수 있다.

이와 같이 한 지역의 산업은 그 지역의 지리적 환경을 활용해서 발달한다. 따라서 각 지역의 특성을 파악하는 것을 통해 왜 지역마다 서로 다른 산업이 발달하게 되었는지 이해할 수 있다.

생각 넓히기

여러분 나라에서 앞으로 발달했으면 좋겠다고 생각하는 산업은 무엇입니까? 그 산업이 발달하기 위해 무엇이 필요하다고 생각합니까? 이야기해 보십시오.

Q

1. 미래의 방송 제작 환경은 현재와 어떻게 달라질 것 같습니까?

2. 여러분은 어떤 종류의 방송을 즐겨 봅니까? 왜 그 방송을 즐겨 봅니까?

제7과 방송의 세계

【읽기】 1인 방송

어휘 익히기 **방송 관련 어휘**
문법 익히기 **-(으)ㄹ 뿐이다**
전략 익히기 **글쓴이의 의도 파악하기**
읽기 **1인 방송에 대한 글 읽기**

【쓰기】 다큐멘터리의 종류

어휘 익히기 **다큐멘터리 관련 어휘**
문법 익히기 **-되**
전략 익히기 **분류의 글 쓰기**
쓰기 **다큐멘터리의 종류에 대한 글 쓰기**

07
읽기

1인 방송

준비하기

1. 여러분은 1인 방송을 자주 봅니까? 어떤 내용의 방송을 주로 시청하는지 이야기해 보십시오.

2. 1인 방송을 보는 이유에 표시하고, 1인 방송의 장점에 대해 이야기해 보십시오.

- ☐ 재미있고 흥미로워서
- ☐ 유익한 정보가 많아서
- ☐ 주변에서 많이 시청해서
- ☐ 무료로 이용할 수 있어서
- ☐ 언제 어디에서든지 쉽게 볼 수 있어서

어휘 익히기

1. 다음은 방송과 관련된 어휘입니다.

(1) 밑줄 친 어휘의 의미를 추측해 보십시오.

① 이번 대통령 선거 방송은 방송국 3사가 같이 중계하기로 결정했다.

② 어제 예능 프로그램에서 편집할 때 실수를 해 화면과 다른 자막이 잘못 나갔다.

③ 회사를 홍보하기 위해 우리 회사의 상표가 들어간 기념품을 새로 제작하기로 했다.

④ 이화방송에서는 교양 프로그램을 주말 오후 시간대에 집중적으로 편성하여 방송했다.

⑤ 박물관에서는 작품 훼손을 방지하기 위하여 내부를 촬영하는 것을 금지하는 경우가 많다.

⑥ 월드컵 경기로 일요일 7시에 방송하던 드라마가 결방되어 다음 주에 두 편이 연속 방송될 예정이다.

⑦ 이 프로그램은 녹화 방송이 아니라 생방송으로 진행되므로 방송 전 준비를 더욱 철저하게 해야 한다.

⑧ 과거에는 아나운서들이 주로 뉴스를 진행했지만 최근에는 오락 프로그램에 출연하는 경우가 많아지고 있다.

(2) 다음은 (1)에서 제시한 어휘의 의미입니다. 의미에 알맞은 어휘를 찾아 써 보십시오.

① 방송을 하지 못하다 ____________

② 일을 처리해 나가다 ____________

③ 전체 계획을 짜거나 수립하다 ____________

④ 새로운 물건이나 예술 작품을 만들다 ____________

⑤ 사물의 모습이나 동작을 카메라로 찍다 ____________

⑥ 프로그램의 제작과 방송이 동시에 이루어지는 것 ____________

⑦ 필름이나 파일을 모아 하나의 작품으로 완성하다 ____________

⑧ 실제 상황을 방송국이 전파를 이용해 대중에게 내보내다 ____________

2. 다음 보기에서 알맞은 것을 골라 문장을 완성해 보십시오.

보기			
기반	무단	실시간	초상권
올리다	일컫다	유통되다	뒷받침되다

(1) 생명과학 분야의 발전을 위해서는 막대한 자금과 연구 인력이 ________________ 한다.

(2) 경찰은 시중에 불법으로 ________________ 있는 음원에 대한 단속을 강화하기로 했다.

(3) 위성으로 통신을 할 수 있게 되어 ________________(으)로 스포츠 경기를 볼 수 있게 되었다.

(4) 인터넷에서 받은 그림을 ________________(으)로 사용하면 저작권 문제가 발생할 수 있다.

(5) 서울아파트 단지는 인터넷에 의견을 ________________ 공간을 마련해 주민 간 소통을 원활하게 했다.

(6) 사람들은 독일의 음악가인 바흐(Johann Sebastian Bach)를 ________________ 음악의 아버지라 부른다.

(7) 인문학, 자연과학과 같은 기초 학문은 미래에 국가 경쟁력의 ________________이/가 될 수 있는 매우 중요한 분야이다.

(8) 길을 지나가는 사람을 찍어 그 사진을 인터넷에 올리는 사람들 때문에 ________________을/를 보호하기 위한 제도의 마련이 시급해졌다.

문법 익히기

-(으)ㄹ 뿐이다

동사, 형용사에 붙어 현재의 상황 이외에 다른 가능성이나 상황은 없음을 나타낸다.

예 • A: 한 버스 기사가 길에서 난 불을 보고 바로 꺼서 화제인데요. 기사님, 어떻게 그렇게 바로 불을 끄실 생각을 하셨나요?
B: 불이 난 걸 제가 제일 처음 봤고, 마침 버스에 소화기도 있었기 때문에 **껐을 뿐입니다**.

• 이런 최악의 상황을 만든 그 친구가 **원망스러울 뿐이다**.

• 누가 뭐라고 해도 나는 그저 나에게 주어진 일을 열심히 **할 뿐이다**.

연습 **다음 보기에서 알맞은 것을 골라 '-(으)ㄹ 뿐이다'를 사용해서 대화를 완성해 보십시오.**

보기
먹다　　다르다　　다하다　　바라다　　안타깝다

(1) A: 할머니, 생신 축하드려요. 소원 말씀하시고 촛불 끄세요.
B: 그래. 고맙다. 소원은 무슨. 그저 건강하기만 ________________.

(2) A: 야, 너 그거 먹으면 어떡해? 제사 때 올리려고 준비해 놓은 건데.
B: 그래? 아까 형도 먹길래 나도 ________________.

(3) A: 그거 알아? 이민호 선수가 갑자기 부상을 당해서 이번 월드컵에 나가지 못한대.
B: 응. 나도 뉴스에서 봤어. 올해는 특히 성적이 좋았는데 정말 ________________.

(4) A: 결혼하고 남편과 너무 자주 싸우는 것 같아요. 저와 이렇게 안 맞는 사람인 줄 몰랐어요.
B: 서로가 다르다는 것을 인정하면 싸울 일도 줄어들 거예요. 누가 맞고 누가 틀린 것은 아니잖아요. 사람은 서로 ________________.

(5) A: 이번 영화에서 연기력이 좋아졌다는 호평을 받고 있는데요. 혹시 비결이 있습니까?
B: 글쎄요. 비결이라고 할 만한 건 따로 없고 현장에서 매 시간 최선을 ________________. 그렇게 말씀해 주셔서 감사드립니다.

전략 익히기

글쓴이의 의도 파악하기

글에는 글쓴이가 독자에게 전달하고 싶은 이야기가 들어 있다. 그러므로 글의 내용을 정확하게 이해하려면 글쓴이의 의도가 무엇인지 파악해야 한다. 글쓴이의 의도를 파악하기 위해서는 글쓴이가 대상을 어떻게 생각하고 있는지 찾아보고, 어떠한 주장을 하기 위해 쓴 내용인지 생각해 봐야 한다.

예

다음은 '전자책'에 대한 내용입니다. 글쓴이의 의도를 파악해 보십시오.

전자책은 종이를 사용하지 않아 나무를 베지 않아도 되고, 종이 제작을 위해 석유를 쓰지 않아서 환경에 도움이 된다는 의견이 있다. 하지만 전자책을 이용하려면 전기가 필요하다. 즉, 전자책은 종이와 석유를 쓰지 않는 대신 전기를 많이 써야 이용할 수 있다. 수력이나 풍력으로 전기를 생산하면 된다고 주장하는 사람들도 있지만 수력 발전을 하려면 댐을 지어야 하기 때문에 환경이 파괴된다. 풍력을 이용한 발전은 아직 발전량이 적어 한계가 있다. 화력이나 원자력 발전은 언급할 필요도 없이 환경에 전혀 도움이 되지 않는다.

☑ 전자책은 환경 보호에 도움이 되지 않는다.
☐ 전자책은 자원과 에너지를 적게 써 환경에 도움이 된다.

연습 다음을 읽고 글쓴이의 의도를 파악해 보십시오.

1. '채식'에 대한 내용입니다.

고기를 먹지 않고 채소만 먹으면 건강해질까? 채식을 하면 칼슘, 철분 등의 영양소가 부족해질 수 있다. 특히 단백질이 부족할 수밖에 없다. 단백질을 보충하기 위해 고기가 아닌 다른 음식을 섭취한다고 해도 우리 몸이 필요로 하는 단백질을 모두 보충할 수는 없다. 콩을 예로 들어 보면, 콩은 식물성 단백질이 풍부하지만 필수 아미노산은 부족하다. 그래서 콩으로만 단백질을 보충하면 몸이 허약해지고 건강이 나빠질 수 있다.

☐ 채식은 건강에 좋지 않다.
☐ 채식주의자들은 콩으로 단백질을 보충할 수 있다.

2. '로봇'에 대한 내용입니다.

로봇은 군사용으로 산업용으로 활용되어 인간이 하기 힘든 작업을 대신 수행하며, 생활용, 의료용, 오락용 등 다양한 형태로 개발되어 우리의 삶을 편리하게 해 준다. 특히 노령화 사회에서 로봇의 역할을 기대할 수 있다. 로봇은 노인들의 맥박, 혈압 등 건강을 점검해 약 먹을 시간을 알려주고 건강이 위험할 때 다른 사람들에게 알려준다. 또 장기 두기, 노래 부르기 등의 취미 활동을 함께 하거나 말벗이 되어 노인들에게 다정한 친구가 될 수도 있다.

☐ 로봇이 인간의 역할을 대신하는 것은 위험하다.
☐ 로봇은 우리의 삶을 편리하고 풍요롭게 해 준다.

3. '걷기'에 대한 내용입니다.

우리는 어디를 갈 때 주로 자동차를 이용한다. 자동차를 타면 시간이 단축되고 몸이 편하다. 그래서 아예 걷는다는 것을 생각하지 않는다. 걷는다 하더라도 그 걷는 구간을 최소한으로 줄이려고 애쓴다. 그러면서도 운동 부족을 호소하고 러닝머신 같은 운동 기구로 시간을 따로 들여 가면서 운동을 하려고 노력한다. 우리들의 조금은 모순된 일면이다. 걷는 것이라 하더라도 길을 걷는 것과 러닝머신을 이용해 걷는 것은 적잖이 다르다. 길을 걸을 때는 길을 걸으면서 주변의 많은 사물들을 보고 또 많은 소리를 듣는다. 그러니까 단순히 몸을 움직여 걷는 것만이 아니라 무엇인가와 상호 작용하는 만남의 시간이 되는 것이다. 그러나 러닝머신을 통한 걷기는 밀폐된 실내 공간에서 반복적으로 계속되는 지루한 육체의 노역일 따름이다.

*출처: 민현식 외, 『중학교 국어 6』, 좋은책 신사고, 2015, 194쪽(나태주의 '길을 걷는다는 것' 중에서).

☐ 운동이 부족할 때 러닝머신에서 걷는 것이 도움이 된다.
☐ 어디를 갈 때 자동차를 이용하는 것보다 길을 걷는 것이 좋다.

읽기

1인 방송에 대한 글 읽기

다음을 읽고 물음에 답하십시오.

1인 방송

기존의 방송이라고 하면 방송사가 프로그램을 촬영하고 편집하여 제작해 내보내거나, 실시간으로 중계하는 생방송을 일컫는 말이었다. 하지만 최근에는 기존과 다른 새로운 방식의 방송이 나타나 방송의 개념이 변화하고 있다. 개인 또는 집단이 방송을 직접 제작해 내보내는 1인 방송이 바로 그것이다. 인터넷에는 수많은 1인 방송이 올라오고, 구독자 수도 크게 늘고 있다. 1인 방송이 인기를 얻자 공중파 방송에서도 인터넷 방송 형식을 빌려 프로그램을 만들기 시작했다.

1인 방송은 인터넷을 기반으로 자리잡았다. 그래서 방송을 제작하는 데 필요한 비용이나 유통 비용이 거의 들지 않는다. 인터넷에 방송을 제작해 올리기만 하면 될 뿐이다. 그래서 아이디어만 있으면 단기간에 쉽게 제작할 수 있다. 또한 1인 방송은 제작자와 시청자가 실시간으로 소통할 수 있어 기존 방송에서 얻기 힘들던 정서적 유대감을 준다. 이런 다양한 매력으로 1인 방송의 영향력은 점차 커지고 있다.

그러나 1인 방송은 오래되지 않은 분야이기 때문에 여러 사회적 부작용도 낳고 있어 이에 대한 대책 마련이 시급하다. 1인 방송을 지속적으로 운영하기 위해서는 경제적 이익이 창출되어야 하는데, 인터넷 방송 사이트에서는 광고나 유료 아이템 판매로 경제적 이익을 얻도록 한다. 문제는 이러한 경제적 이익을 위해 제작자들이 점점 더 자극적인 방송을 만들게 된다는 것이다. 그래서 선정적이거나 폭력적이거나 비윤리적인 내용이 그대로 방송되는 경우도 있다.

또한 저작권이나 초상권 관련 분쟁 역시 증가하고 있다. 1인 방송 제작자들이 배경음악, 사진 등을 무단으로 사용하거나 공공장소에서 사람들의 동의 없이 촬영하여 방송에 내보내기 때문이다. 따라서 이를 방지하기 위한 사회적 제도가 속히 마련되어야 한다. 이와 더불어 제작자들은 방송 제작에 대한 윤리 의식을 가지고 방송을 제작해야 할 것이다.

과거에는 방송을 하려면 무거운 방송 카메라 같은 전문 장비들이 필요했지만 지금은 아이디어만 있으면 쉽게 방송을 제작할 수 있고, 누구나 스타가 될 수 있는 환경이 구축되었다. 그러나 1인 방송의 영향력이 커지고 있는 상황에서 선정적이고 자극적인 내용에 대한 규제가 마련되어야 하며, 저작권이나 초상권 문제를 해결할 수 있는 제도적 장치도 마련되어야 한다. 즉, 건전한 1인 방송 문화 정착을 위해 1인 방송이 올바른 방향으로 발전해 갈 수 있도록 강력한 제도적 장치가 뒷받침되어야 할 것이다.

1. 이 글에서 언급된 내용이 아닌 것은 무엇입니까?

① 1인 방송의 문제점

② 1인 방송이 사회에 미치는 영향

③ 1인 방송과 기존 방송의 차이점

2. 이 글을 읽고 1인 방송에 대해 가장 잘 이해한 사람은 누구입니까?

① 나연: 1인 방송에서는 자극적이고 선정적인 내용을 주로 다루는구나.

② 민우: 1인 방송을 잘 만들기 위해서는 좋은 카메라와 방송 장비가 필요하겠구나.

③ 소현: 혼자 화장하는 걸 찍어서 올리는 동영상 같은 걸 1인 방송이라고 하는구나.

3. 1인 방송의 장점이 아닌 것은 무엇입니까?

① 방송 제작과 유통에 비용이 거의 들지 않는다.

② 제작자와 시청자가 실시간으로 소통할 수 있다.

③ 광고나 유료 아이템 판매로 경제적 이익을 얻을 수 있다.

4. 이 글의 내용과 같은 것은 무엇입니까?

① 공중파 방송에서도 인터넷 방송 형태의 프로그램을 제작하고 있다.

② 1인 방송 제작자들은 광고를 통해 자신이 만든 프로그램을 홍보한다.

③ 길에서 아무나 찍어서 올리면 방송 윤리에 어긋나 처벌을 받을 수 있다.

5. 글쓴이의 의도를 가장 잘 나타낸 것은 무엇입니까?

① 1인 방송이 올바르게 정착될 수 있도록 제도적 규제를 강화해야 한다.

② 1인 방송 제작자들이 경제적 이익을 창출할 수 있는 방안을 마련해야 한다.

③ 1인 방송의 발전을 위해서 누구나 방송을 제작할 수 있는 환경을 구축해야 한다.

생각 넓히기

여러분이 1인 방송을 만든다면 어떤 주제로 어떻게 제작하고 싶은지 이야기해 보십시오.

주제	
구성	

다큐멘터리의 종류

준비하기

1. 다음은 다큐멘터리 장면입니다. 각 다큐멘터리는 어떤 특징이 있고 어떤 내용을 다루는지 이야기해 보십시오.

대한민국의 정치는
이번 일로 완전히 바뀔 것입니다.

시사 다큐멘터리

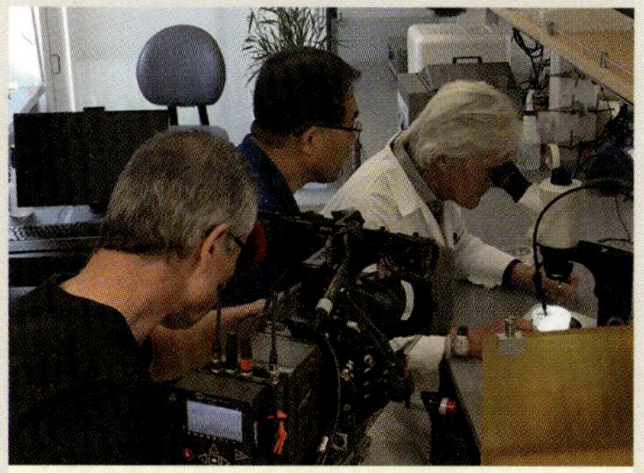

DNA 해석, 먼 미래의 일은 아니다.

과학 다큐멘터리

전통한지 만드는 방법을 그대로 재현

역사 다큐멘터리

남극의 펭귄을 만나다.

자연 다큐멘터리

2. 여러분은 어떤 다큐멘터리를 자주 봅니까? 자주 보는 다큐멘터리 종류와 그 이유에 대해 이야기해 보십시오.

어휘 익히기

1. 다음은 다큐멘터리와 관련된 어휘입니다. 보기에서 알맞은 것을 골라 문장을 완성해 보십시오.

보기		
역점을 두다	입장을 밝히다	방송에 나오다
사실이 왜곡되다	문제점을 지적하다	사건을 취재하다

(1) 지난 주말에 그 사건의 당사자는 자신의 ________________ 기자회견을 했다.

(2) 어제 텔레비전에서 대학교 축제를 소개했는데 우리 학교가 ________________.

(3) 그 감독은 실제로 있었던 사건을 영화로 만들면서 ________________ 않도록 노력했다.

(4) 어제 본 토론 프로그램은 청년 실업의 ________________ 그 해결 방안을 찾는 내용이었다.

(5) 이 신문 기사는 김민수 기자가 1년 동안 ________________ 얻은 자료를 바탕으로 쓴 것이다.

(6) 그 한국어 책은 외국인 유학생들이 수업을 들을 때 꼭 필요한 내용을 제공하는 데 ________ ________ 집필되었다.

2. 다음을 읽고 알맞은 것을 고르십시오.

(1) 이 인기 소설이 영화로 제작되어 많은 사람들의 관심을 (잘랐다, 모았다).

(2) 종교 생활을 하면 외로울 때나 힘들 때 많은 (위안, 정성)을 느낄 수 있다.

(3) 그 상품은 디자인과 색이 독특해서 20대 여성들에게서 큰 호응을 (얻었다, 취했다).

(4) 아팠을 때 도와준 친구들의 친절하고 따뜻한 마음에 나는 크게 (감동했다, 흥분했다).

(5) 학생 식당의 (확장, 분석)으로 학생들이 기다리지 않고 편하게 식사를 할 수 있게 되었다.

(6) 한국의 전통 음식에 대한 다큐멘터리를 만들 때 생생한 장면을 화면에 (담기, 찍기) 위해 오랫동안 음식 만드는 장면을 촬영했다.

문법 익히기

-되

동사, 형용사에 붙어 어떤 사실을 서술하면서 그것에 대한 조건, 단서, 관련된 내용을 덧붙여서 말할 때 사용한다. '있다, 없다, -었-' 다음에는 '-으되'를 사용한다.

예
- A: 선생님, 기말 보고서 제출 기한을 한 주 늦춰 주셨으면 좋겠습니다.
  B: 그래요? 그럼 다음 주 목요일까지 **제출하되** 기한은 꼭 지키세요.
- 여기서 책을 **읽되** 다른 사람에게 방해가 되지 않게 조용히 읽어 주세요.
- 그 사람 옆에 **있으되** 너무 바짝 붙지 말고 거리를 두고 서 있는 것이 좋겠다.

연습 다음을 연결하고 '-되'를 사용해서 문장을 완성해 보십시오.

(1) 밖에 나가서 놀다	•	• 밤 10시까지는 들어와야 하다
(2) 컴퓨터를 새로 장만하다	•	• 다 쓴 후에는 제자리에 갖다 놓아야 하다
(3) 책상 위에 있는 물건을 쓰다	•	• 가격이 저렴한 걸로 구입하기로 했다
(4) 그 사람들에게 결정할 수 있는 권한을 주다	•	• 먹은 후 뒷정리는 깔끔하게 해 달라고 했다
(5) 냉장고에 있는 음식은 마음대로 먹다	•	• 일이 잘못됐을 경우 그에 대한 책임도 물어야 하다

(1) ______________________________.

(2) ______________________________.

(3) ______________________________.

(4) ______________________________.

(5) ______________________________.

전략 익히기 분류의 글 쓰기

수집한 자료의 내용을 정리해 글을 쓰고자 할 때는 글의 주제에 따라 기준을 정해 분류하는 것이 필요하다. 분류를 하면 분류 대상의 성질이나 특징을 더 명확하게 잘 표현할 수 있다. 분류는 보통 서너 가지로 한다.

표현	예문
○에 따라 ○, ○, ○(으)로 나눌/분류할 수 있다	영화는 내용에 따라 코미디 영화, 공포 영화, 멜로 영화 등으로 나눌 수 있다.
○은/는 ○에 따라 크게 ○와/과 ○(으)로 나뉜다	평가는 평가 방식에 따라 크게 상대 평가와 절대 평가로 나뉜다.
○에 따라 ○ 가지로 분류된다	소설은 길이에 따라 장편소설, 중편소설, 단편소설, 세 가지로 분류된다.
○을/를 ○(으)로 나누면/분류하면 다음과 같다	한국어 시험을 영역별로 나누면 다음과 같다. 첫째, 말하기 시험은 선생님과 일대일 대화를 통해 말하기 능력을 평가하는 것이다. 둘째, 듣기 시험은 ……

예

다음은 '세계의 기후'에 대한 내용입니다. 분류의 글을 써 보십시오.

기준	• 기온
분류	• 열대 기후: 가장 추운 달의 평균 기온이 18도 이상 되는 기후. 동남아시아, 아프리카, 중앙아메리카 등이 속함. • 온대 기후: 가장 추운 달의 평균 기온이 영하 3도~영상 18도가 되는 기후. 한국, 일본, 서유럽 등이 속함. • 냉대 기후: 가장 추운 달의 평균 기온이 영하 3도 이하이고 가장 더운 달의 평균 기온이 영상 10도 이상이 되는 기후. 시베리아, 노르웨이, 미국 알래스카 등이 속함.

⇩

세계의 기후는 기온에 따라 열대 기후, 온대 기후, 냉대 기후로 나눌 수 있다. 첫째, 열대 기후는 가장 추운 달의 평균 기온이 영상 18도 이상 되는 기후이다. 동남아시아, 아프리카, 중앙아메리카 등이 이에 속한다. 둘째, 온대 기후는 가장 추운 달의 평균 기온이 영하 3도에서 영상 18도 사이가 되는 기후이다. 한국, 일본, 서유럽 등이 이에 속한다. 셋째, 냉대 기후는 가장 추운 달의 평균 기온이 영하 3도 이하이고 가장 더운 달의 평균 기온이 영상 10도 이상이 되는 기후이다. 시베리아, 노르웨이, 미국 알래스카 등이 이에 속한다.

연습 **다음을 보고 분류의 글을 써 보십시오.**

1. '대학교'에 대한 내용입니다.

기준	• 설립한 주체
분류	• 국공립대학교: 정부나 지방자치단체가 설립하고 운영하는 대학교 (예) 서울대학교, 경북대학교, 서울시립대학교 등 • 사립대학교: 개인이나 법인이 설립한 대학교 (예) 이화여자대학교, 연세대학교 등

⇩

2. '그림'에 대한 내용입니다.

기준	• 표현하는 대상
분류	• 풍경화: 산과 계곡, 숲 등과 같은 자연 풍경을 그린 그림 • 정물화: 과일, 꽃, 도자기 등과 같이 움직이지 않는 물건을 그린 그림 • 인물화: 사람을 그린 그림. 자화상, 군상화, 초상화 등이 이에 속함

⇩

1. 다음은 내용에 따라 분류한 다큐멘터리의 종류와 그 설명입니다. 서로 관련 있는 것을 연결해 보십시오.

(1) 시사 다큐멘터리 •		• ①	동물이나 식물이 살아가는 모습을 보여 준다.
(2) 자연 다큐멘터리 •		• ②	사람들이 최근 관심을 갖고 있는 사건의 배경이나 발생 과정, 결과 등을 알려 준다.
(3) 휴먼 다큐멘터리 •		• ③	보통 사람들의 일상생활에서 일어나는 일들을 보여 준다.

2. 다큐멘터리를 분류하는 글을 쓰려고 합니다. 다큐멘터리를 내용에 따라 분류한 종류와 그 특징이 무엇인지 조사하여 메모해 보십시오.

종류	특징

3. 분류의 표현을 사용하여 다큐멘터리의 종류에 대한 글을 써 보십시오.

다큐멘터리의 종류

다큐멘터리를 분류하는 기준은 다양하다. 다큐멘터리를 역사적인 발전에 따라 나누기도 하고 방송 매체, 방송 내용에 따라 나누기도 한다. 가장 일반적인 분류가 방송 내용에 따라 나누는 것인데 그에 따른 분류는 다음과 같다.

지금까지 다큐멘터리의 종류에 대해 살펴보았다. 시청자들의 요구에 따라 새로운 다큐멘터리가 생겨났고 그 형태도 다양하게 변화되어 왔다. 사회가 변화되고 시청자들의 관심이 다양해지면서 다큐멘터리의 변형, 확장은 앞으로도 지속될 것이다.

생각 넓히기

여러분 나라 프로그램 중 소개하고 싶은 것이 있습니까? 왜 그 프로그램을 소개하고 싶습니까? 그 프로그램의 내용과 소개하고 싶은 이유를 이야기해 보십시오.

프로그램 내용	소개하고 싶은 이유

Q

1. 여러분은 리더십이 중요하다고 생각합니까?
오늘날 사회의 발전을 위해 어떠한 리더십이 필요하다고 생각합니까?

2. 여러분은 사회 복지 제도로 어떠한 혜택을 받은 적이 있습니까?
앞으로 사회 복지 제도가 더 확대되어야 한다고 생각합니까?

제8과 인간과 사회

【읽기】 리더십의 본질

어휘 익히기 **리더십 관련 어휘**
문법 익히기 **-지**
전략 익히기 **사실과 의견 구별하기**
읽기 **리더십의 본질에 대한 글 읽기**

【쓰기】 사회 복지 제도

어휘 익히기 **사회 복지 관련 어휘**
문법 익히기 **-(으)ㄴ/는 가운데**
전략 익히기 **인용해서 글 쓰기**
쓰기 **사회 복지 제도에 대한 글 쓰기**

08 읽기

리더십의 본질

준비하기

1. 다음은 리더십에 대한 정의입니다. 여러분은 리더십이 무엇이라고 생각하는지 V표 하고 그렇게 생각하는 이유를 이야기해 보십시오.

- ☐ 조직이 장기간 계속해서 좋은 성과를 내게 하는 능력
- ☐ 공동의 목표를 이룰 수 있도록 구성원에게 영향을 미치는 과정
- ☐ 목표를 제시하고 동기를 부여하여 구성원들의 헌신과 역량을 이끌어 내는 활동

2. 다음은 많은 사람들에게서 리더십이 있다고 평가를 받는 사람들입니다. 그 이유가 무엇이라고 생각하는지 이야기해 보십시오.

에이브러햄 링컨(Abraham Lincoln)
1863년 노예 해방 선언을 함

윈스턴 처칠(Winston Churchill)
1939년~1945년 제2차 세계 대전을 연합군의 승리로 이끎

무함마드 유누스(Muhammad Yunus)
1983년 무담보 소액 대출 은행을 설립함

어휘 익히기

1. 다음은 리더십과 관련된 어휘입니다.

(1) 밑줄 친 어휘의 의미를 추측해 보십시오.

① 21세기에는 창조적이고 미래 지향적인 사고가 요구된다.

② 두 단체는 여러 번의 회의를 통하여 합의점에 도달할 수 있었다.

③ 경쟁에서 앞서가기 위해서는 기술의 혁신을 위한 투자가 필요하다.

④ 회사에서 신입 사원을 뽑을 때는 능력뿐 아니라 성품도 봐야 한다.

⑤ 그 사람은 집집마다 찾아다니며 동네 주민들을 설득하는 데 성공했다.

⑥ 그 직원은 소극적인 태도로 일을 하기 때문에 일의 추진력이 부족하다.

⑦ 윗물이 맑아야 아랫물이 맑듯이 윗사람은 아랫사람에게 모범을 보여야 한다.

⑧ 세계화 시대에는 문화의 다양성을 인정하고 받아들이는 포용력 있는 태도가 필요하다.

(2) 다음은 (1)에서 제시한 어휘의 의미입니다. 의미에 알맞은 어휘를 찾아 써 보십시오.

① 미래로 나아가다 ________________

② 본받아 배울 만한 대상 ________________

③ 목적한 곳이나 수준에 다다르다 ________________

④ 목표를 향하여 밀고 나아가는 힘 ________________

⑤ 사람으로서 지니고 있는 품성이나 인격 ________________

⑥ 상대가 자신의 의견을 따르도록 말하다 ________________

⑦ 남을 너그럽게 감싸 주거나 받아들이는 힘 ________________

⑧ 오래된 관습, 조직, 방법 등을 완전히 바꿔서 새롭게 함 ________________

2. 다음 보기에서 알맞은 것을 골라 문장을 완성해 보십시오.

보기			
서적	용어	정의	이타적
늘어나다	벗어나다	행사하다	부재하다

(1) 인기 연예인들의 말과 행동은 팬들에게 매우 큰 영향력을 ________________.

(2) 경제 위기에서 ________________ 위해서는 온 국민이 힘을 합쳐 노력해야 한다.

(3) 이 책에는 너무 전문적인 ________________이/가 많이 나와서 내용을 이해하기 어렵다.

(4) 설날이나 추석에는 고향을 찾는 사람들로 고속도로에 교통량이 크게 ________________.

(5) 최근 요리 프로그램이 인기를 끌면서 음식 관련 ________________들이 쏟아져 나오고 있다.

(6) 그는 인권을 보호하고 사회의 ________________을/를 실현하는 변호사가 되고 싶다고 말했다.

(7) 암 투병으로 감독이 ________________ 상황이 지속되자 그 농구 팀은 부진을 면하지 못하고 있다.

(8) 자신보다 다른 사람을 위해 살았던 그의 ________________ 삶이 많은 사람들에게 감동을 주고 있다.

문법 익히기

-지

동사, 형용사에 붙어 대조적인 두 상황을 나열하여 하나는 긍정하면서 다른 하나는 부정할 때 쓴다.

예
- A: 난 키가 조금만 더 컸으면 좋겠어.
  B: 그래? 너 정도면 키가 **크지** 작지는 않은 것 같은데…….
- 그 교수님은 말투가 직선적일 **뿐이지** 냉정한 사람은 아니다.
- 나는 매운 음식을 좋아하지 않는다고 **했지** 못 먹는다고 하지는 않았다.

연습 **다음 보기에서 알맞은 것을 골라 '-지'를 사용해서 문장을 완성해 보십시오.**

보기

먹다 알다 다니다 생기다 싫어하다

(1) A: 혹시 김진호라고 알아? 수업에서 같은 조가 됐는데 널 안다고 하더라고.
B: 알아. 그런데 나도 얼굴만 ________________ 친하지는 않아.

(2) A : 아침에 보통 뭘 먹어요? 밥을 먹어요?
B: 아침에는 바빠서 가볍게 과일이나 빵을 ________________ 밥을 차려 먹지는 않아요.

(3) A: 예전에 일본에서 일한 적 있지요? 제가 일본 여행을 가려고 하는데 어디 가면 좋을까요?
B: 글쎄요. 저도 매일 회사만 ________________ 다른 데에는 별로 가 본 적이 없어서요.

(4) A: 영화 〈꽃〉 봤어요? 주인공 여배우가 어찌나 연기를 못하는지 몰입이 안 되더라고요.
B: 저도 봤어요. 그 배우는 얼굴만 예쁘게 ________________ 연기는 잘 못 하더라고요.

(5) A: 이번에 막내딸이 중학교에 입학했다면서요? 공부는 열심히 해요?
B: 아니요. 아이가 공부에 흥미를 붙이면 잘할 텐데. 공부하기를 ________________ 머리가 나쁜 건 아니거든요.

전략 익히기

사실과 의견 구별하기

신문이나 논문에는 사실과 의견이 섞여 있는 경우가 많다. 일반적으로 '사실'은 '실제로 있었던 일'을 말한다. 이와 달리 '의견'은 '어떤 대상에 대해 가지는 생각'을 가리킨다. 글의 내용을 잘 이해하기 위해서는 글 속에서 무엇이 사실이고 무엇이 의견인지 구별하며 읽어야 한다.

예

'노인의 기준'에 대한 내용입니다. 사실과 의견을 구별해 보십시오.

한국에서는 현재 만 65세 이상을 노인으로 보고 있다. ⓐ그러나 노인의 기준으로 만 65세가 적절한지 검토할 필요가 있다. ⓑ최근 인천시에 거주하는 60세 이상 남녀 1,000명을 대상으로 '당신이 생각하는 노인의 나이는?'이라는 질문으로 설문 조사를 실시한 결과, 70~74세가 33.4%, 75~79세도 33.2%로 나타났다. ⓒ또한 80~85세라고 응답한 이들은 25.2%인 반면 현재 기준이 되는 연령대인 65~69세라고 응답한 이는 4.9%였다. ⓓ이제는 신체적, 경제적 상황 등 여러 가지를 생각해서 노인의 기준을 새롭게 정립해야 하는 때이다.

사실	ⓑ, ⓒ	의견	ⓐ, ⓓ

연습 **다음을 읽고 사실과 의견을 구별해 보십시오.**

1. '이웃'에 대한 내용입니다.

ⓐ두레는 농사일이 바쁜 농번기에 농사일을 서로 도우며 함께 하기 위해 마을 단위로 만들어진 모임이다. ⓑ품앗이는 집에 일손이 필요한 일이 있을 때 서로 도와주며 일손을 주고받던 풍습이다. ⓒ두레는 농번기에 이루어졌지만 품앗이는 시기나 일의 종류에 상관없이 이루어졌

다. ⓓ이웃에 대한 관심이 사라지고 삭막해져 가는 오늘날, 이러한 풍습에 담긴 이웃에 대한 관심과 협력 정신을 소중히 이어가야 할 것이다.

사실		의견	

2. 'TV 홈쇼핑 여행 상품'에 대한 내용입니다.

ⓐ소비자가 TV 홈쇼핑에서 여행 상품을 선택할 때 무엇을 중요하게 생각하는지 살펴본 결과 상품 품질이 5점 만점에 4.2로 가장 높게 나타났다. ⓑ상품 가격, 출발 및 도착 날짜, 여행사 브랜드 등도 4.0을 넘어 중요도가 높은 항목으로 측정되었다. ⓒ여행자들은 질이 좋은 상품을 원하므로 홈쇼핑 사에서는 품질 좋은 여행 상품을 선택해서 방송을 해야 할 것이다. ⓓ또한 상품의 품질에 관련된 내용 즉 항공, 호텔, 식사, 가이드 등을 보여 주는 데에 방송 시간을 더 많이 할애할 필요가 있다.

사실		의견	

3. '애완견 안전 관리'에 대한 내용입니다.

ⓐ지난달 30일, 한 유명 연예인이 키우던 애완견이 엘리베이터에 뛰어들어 이웃인 김 모 씨의 다리를 무는 사고가 발생했다. ⓑ김 모 씨는 즉시 병원으로 옮겨져 치료를 받았으나 일주일 만에 사망했다. ⓒ한국소비자원 통계에 따르면, 애완견에 물린 사고는 2012년 560건에서 2016년 1,019건으로 4년 동안 두 배가 늘었다. ⓓ애완견을 키우는 사람들이 늘어나는 만큼 애완견 안전 관리에 대한 규정과 위반에 대한 처벌 규정이 강화되어야 할 것이다.

사실		의견	

읽기 리더십의 본질에 대한 글 읽기

다음을 읽고 물음에 답하십시오.

리더십의 본질

오늘날 정치, 경제, 사회 전반에서 많이 사용되는 용어인 리더십. 리더십 관련 서적이 봇물처럼 쏟아져 나오고 리더십 개발 프로그램들도 늘어나고 있다. 그러나 우리는 정작 진정한 리더십이 부재한다고 말하는 시대를 살고 있지 않은가. 이러한 현실 속에 과연 우리가 주목해야 할 리더십의 본질은 무엇일까?

리더십이란 '공동의 목표를 이루기 위해 리더가 구성원들에게 영향력을 행사하는 과정'이라고 할 수 있다. 여기에서 주목할 것은 공동의 목표이다. 만약 리더에게만 이익이 되고 구성원들에게 손해가 된다면 그것이 공동의 목표가 될 수 있을까? 공동의 목표는 서로에게 이익이 되는 것이고, 강제적이지 않고 비윤리적이지 않으며 그래서 리더와 구성원들이 함께 이루어 가야 하는 것이다. 이에 정치학자 제임스 번즈(James Burns)는 리더십은 도덕적 행위이며 정의롭지 않은 리더십은 리더십이 아니라고 했다.

또한 리더의 의미에 대해서 생각해 보는 것도 리더십의 본질을 이해하는 데에 도움이 될 것이다. 리더는 '이끄는 자'라기보다 '따르는 자가 있는 자'라고 하는 것이 더 정확하다. 즉 따르는 자가 있어야 리더지 따르는 자가 없으면 리더가 아니라는 것이다. 리더십 전문가 존 맥스웰(John Maxwell)은 스스로 리더라고 생각하더라도 따라오는 자가 없으면 혼자 산책을 하고 있는 것이라고 했다. 이는 구성원들이 리더를 위해 존재하는 것이 아니라 바로 리더가 구성원들을 위해 존재하는 것임을 말해 주고 있다. 리더십 컨설턴트 제임스 헌터(James Hunter)는 『서번트 리더십(*Servant Leadership*)』이라는 책을 통해 리더십의 본질은 이타적인 사랑이며 그 사랑에서 나오는 섬김의 행동이라고 했다.

그렇다면 이러한 리더십을 보여 준 사람들로는 누가 있을까? 미국의 16대 대통령 에이브러햄 링컨(Abraham Lincoln), 방글라데시의 은행가 무함마드 유누스(Muhammad Yunus) 등이 해당된다. 링컨은 자유와 평등의 민주주의를 실현하기 위해 1863년 노예 해방 선언을 했다. ⓐ유누스는 1983년에 가난한 사람을 위한 무담보 소액 대출 은행인 그라민 은행(Grameen Bank)을 설립했다. 그리고 이 은행을 통해 700만 명 이상을 가난에서 벗어나게 했다. 이들은 모두 정의로운 목표를 성취하기 위해 사회 구성원들에 대한 사랑으로 선한 영향력을 행사한 것이다.

ⓑ이처럼 리더십의 본질은 바로 정의와 사랑이라고 볼 수 있다. ⓒ오늘날에는 수많은 리더십 서적과

리더십 개발 프로그램들이 있다. 그 안에는 다양한 리더십 이론과 리더십 개발 방법들이 있지만 리더십의 본질이라고 할 수 있는 정의와 사랑을 놓치는 경우가 적지 않다. 진정한 리더십이 부재한다고 말하는 현실 속에서 우리가 주목해야 할 리더십의 본질은 정의와 사랑임을 잊지 말아야 할 것이다.

1. 글쓴이가 주장하는 바는 무엇입니까?

① 리더십의 본질이 사랑과 정의라는 것을 잊지 말아야 한다.
② 구성원들은 리더에 대한 사랑을 가지고 적극적으로 따라야 한다.
③ 다양한 리더십 관련 서적을 읽고 리더십 개발 프로그램에 참여해야 한다.

2. 이 글에서 설명하고 있지 않은 것은 무엇입니까?

① 리더의 의미
② 리더십의 정의
③ 리더십 이론의 내용

3. 이 글의 서술 방식으로 맞지 않는 것은 무엇입니까?

① 리더십 관련 전문가의 말을 인용하고 있다.
② 리더십을 발휘한 사람들의 예를 들고 있다.
③ 리더십 개발 프로그램의 종류를 분류하고 있다.

4. 이 글의 내용과 같은 것은 무엇입니까?

① 그라민 은행은 가난한 사람들의 빈곤 탈출에 기여했다.
② 공동의 목표를 위해 리더는 손해를 감수할 필요가 있다.
③ 리더십 관련 서적들은 리더십의 본질을 정확하게 다루고 있다.

5. 다음 중 글쓴이의 의견에 해당하는 것은 무엇입니까?

① ⓐ　② ⓑ　③ ⓒ

생각 넓히기

여러분 나라에 오랜 시간 동안 많은 사람들에게 존경을 받는 사람이 있습니까? 그 사람의 리더십에는 어떤 특징이 있는지 이야기해 보십시오.

존경받는 사람	리더십의 특징

사회 복지 제도

준비하기

1. 한국의 사회 복지 제도는 사회 보험, 공공 부조 사업, 사회 서비스로 구분할 수 있습니다. 다음을 보고 각각 어떤 제도인지 이야기해 보십시오.

- 사회 보험: 미래의 불안에 미리 대처하고자 비용 부담 능력이 있는 개인과 정부가 일정 금액을 나누어 내는 것이다. 예 건강 보험, 국민 연금 등
- 공공 부조: 소득이 없거나 매우 적은 사람들에게 최소한의 생활을 보장해 주기 위한 제도로 국가가 지원한다. 예 기초생활보장, 의료 급여 등
- 사회 서비스: 사회적으로 보호를 받아야 하는 사람들에게 서비스를 제공하는 것이다. 예 노인 복지 서비스, 장애인 복지 서비스 등

2. 다음은 한국의 사회 복지 제도입니다. 여러분 나라의 사회 복지 제도와 비교해 보십시오.

(1) 암 검진 사업

국가적 차원에서 암 검진을 해 암을 조기에 발견하고 치료하도록 함.
예 위암: 만 40세 이상의 남성과 여성, 2년
유방암: 만 40세 이상의 여성, 2년

(2) 노인돌봄종합서비스

혼자 힘으로 일상생활이 어려운 노인에게 방문 가사 지원 또는 주간 보호 서비스를 제공함.
예 방문 가사 지원: 세면, 옷 갈아입기, 집안일 도움 등
주간 보호 서비스: 급식, 목욕 서비스 등

어휘 익히기

1. 다음은 사회 복지와 관련된 어휘입니다. 보기에서 알맞은 것을 골라 문장을 완성해 보십시오.

보기

구호　　무상　　복리　　빈곤층　　구제하다　　안정되다

(1) 요즘 젊은이들은 노후가 보장되는 ________________ 직장을 선호한다.

(2) 난방비가 없어 겨울을 따뜻하게 보내지 못하는 ________________이/가 늘고 있다고 한다.

(3) 여러 단체에서 이번 지진으로 고통받는 사람들에게 따뜻한 ________________의 손길을 보내고 있다.

(4) 산사태 현장에서 사람들을 ________________ 장면이 텔레비전 화면을 통해 생생하게 보도되었다.

(5) 이 회사는 직원들의 ________________을/를 위해 학비 지원, 자기계발비 지원 등 다양한 복지 제도를 마련했다.

(6) 우리 회사는 냉장고 판매율을 높이고자 다음달부터 5년간 ________________(으)로 수리해 주는 서비스를 시작하기로 했다.

2. 다음을 읽고 알맞은 것을 고르십시오.

(1) 박물관 도난을 (방지하기, 허용하기) 위해 곳곳에 CCTV를 설치했다.

(2) 안전벨트를 매지 않은 운전자에게는 3만 원의 벌금이 (부과된다, 부담된다).

(3) 발표를 효율적으로 준비하기 위해 각자 할 일을 (분담하기로, 실시하기로) 했다.

(4) 작곡가와 소설가 등의 권리를 보호하기 위해 저작권법이 (실현되었다, 제정되었다).

(5) 모든 국민은 국가가 정한 세금을 성실하게 (납부해야, 부여해야) 하는 의무가 있다.

(6) 오랫동안 활동을 (발생했던, 중단했던) 가수가 최근 다시 앨범을 발매해 주목을 끌고 있다.

문법 익히기

-(으)ㄴ/는 가운데

동사, 형용사에 붙어 어떤 일이나 상태가 이루어지는 배경이나 상황이 지속됨을 나타낸다.

예
- A: 박민혁 사장이 어릴 때는 가난한 집안에서 자랐다면서요?
  B: 네. **어려운 가운데** 희망을 잃지 않고 열심히 노력해 자수성가한 거래요. 정말 대단하죠?
- 비가 **오는 가운데** 축구 경기는 계속되었다.
- 전 세계의 이목이 **집중된 가운데** 올림픽 개막식이 시작되었다.

연습 **다음을 연결하고 '-(으)ㄴ/는 가운데'를 사용해서 문장을 완성해 보십시오.**

(1) 전국이 대체로 맑다	•	•	장례식이 치러졌다
(2) 모든 사람이 슬퍼하다	•	•	주식 시장이 오름세를 보이기 시작했다
(3) 선거가 사흘 앞으로 다가오다	•	•	제주도는 흐린 날씨를 보일 것으로 전망됐다
(4) 금융업이 상승 흐름을 주도하다	•	•	부산이 대통령 후보의 격전지로 꼽히고 있다
(5) 설 연휴에 고향을 찾는 귀성 차량이 늘고 있다	•	•	정오에 고속도로 정체가 가장 심할 것으로 예상되다

(1) ______________________________.

(2) ______________________________.

(3) ______________________________.

(4) ______________________________.

(5) ______________________________.

전략 익히기

인용해서 글 쓰기

다른 사람의 말이나 글을 가지고 오는 것을 인용이라고 한다. 조사한 내용을 쓰거나 앞선 연구를 요약하거나 주장의 근거를 대기 위해 인용을 할 수 있다.

표현	예문
-(으)ㄴ 결과, -다고 한다	기상청에 따르면 최근 3년간 대기오염물질 농도를 **분석한 결과**, 1년 중 4월에 미세먼지 농도가 가장 **높았다고 한다**.
○을/를 ○(으)로 보고 있다	민속학연구소(2013, p. 234)에서는 **길쌈놀이를** 추석의 **기원으로 보고 있다**.
○을/를 -(이)라고 설명했다	어제 방송된 '지구의 변화'라는 프로그램에서는 지구의 **역사를** 기후의 변화에 따라 변화해온 **것이라고 설명했다**.
○에 대해 다음과 같이 정리하고 있다	이민주(2010, p. 112)에서는 사회 복지 제도가 발전하기 위한 **방안에 대해 다음과 같이 정리하고 있다**.

예

다음은 '복지 국가'에 대한 내용입니다. 인용해서 글을 써 보십시오.

- 인용 자료: 복지 국가는 사회 복지가 국가의 목표이고, 이미 어느 정도 복지를 실시하고 있는 국가를 말한다(김한국, 2018, p. 7).
- 해석: 사회 복지 제도가 잘 실시되고 있는 나라
  국민 모두가 수준 높은 삶의 질을 누리는 나라

⇩

김한국(2018, p. 7)에서는 복지 **국가를** 사회 복지가 국가의 목표이고, 이미 어느 정도 복지를 실시하고 있는 **국가로 보고 있다**. 즉, 복지 국가는 사회 복지 제도가 잘 실시되고 있는 나라, 국민 모두가 수준 높은 삶의 질을 누리는 나라라고 설명할 수 있겠다.

연습 다음을 보고 인용해서 써 보십시오.

1. '물 사용량'에 대한 내용입니다.

- 인용 자료: 통계청 자료(물 사용량)

연도	2011	2012	2013	2014	2015
1인당 일 평균 물 사용량(L)	279	278	282	280	282

- 해석: 물 낭비를 막기 위한 정책이 효과적이지 않았다.

⇩

2. '쓰기 능력'에 대한 내용입니다.

- 인용 자료: Hyland(2004, p. 56)

  쓰기 능력은 '내용, 맥락, 언어 체계, 쓰기 과정, 장르'에 대한 지식으로 구성된다.

- 해석: 글을 잘 쓰기 위해서는 '내용, 맥락, 언어 체계, 쓰기 과정, 장르'에 대해 잘 알아야 한다.

⇩

쓰기 사회 복지 제도에 대한 글 쓰기

1. 한국의 건강 보험 제도에 대한 자료를 보고 건강 보험 제도에 대해 설명해 보십시오.

의미

- 평소 보험료를 내고 필요할 때 의료 서비스를 받도록 하는 제도
- 진료비 부담을 방지하기 위해 만들어짐

연혁

- 1963년: '의료보험법'이 제정
- 1977년: 500인 이상 사업장 대상 실시
- 1989년: 전 국민 대상으로 확대

특징

- 의무 가입
- 능력에 따른 보험료 부과
- 균등한 보장

혜택

- 저렴한 비용으로 의료기관 이용
- 정기적인 건강 검진

2. 사회 복지 제도에 대한 글을 쓰려고 합니다. 여러분 나라의 대표적인 사회 복지 제도를 선정하고 의미, 연혁, 특징 등을 조사하여 메모해 보십시오.

의미	
연혁	
특징	
혜택	

3. 사회 복지 제도에 대한 글을 완성해 보십시오.

우리나라의 사회 복지 제도

사회 복지 제도는 자본주의 사회에서 발생하는 빈부 격차와 빈곤 등을 사회적 차원에서 해결해야 한다는 생각에서 시작되었다. 현대 사회에서는 복지 국가일수록 국민이 기본적인 생활을 해 나갈 수 있도록 여러 가지 제도를 마련해 놓고 있다.

국가의 적극적인 복지 혜택은 근로 의욕을 줄여 자활 능력을 없애기도 하며, 정부의 재정 부담을 가져오기도 한다. 그러나 문제점이 있다고 해서 복지 정책을 중단할 수는 없다. 따라서 앞으로의 복지 정책은 국민 모두 인간다운 생활을 할 수 있는 조건을 국가가 제공하는 가운데 사회 복지 대상자의 자활 능력을 키우도록 지원하는 방향으로 나아가야 할 것이다.

생각 넓히기

여러분은 앞으로 어떤 복지 제도가 생겨야 한다고 생각합니까? 필요한 제도와 필요하다고 생각하는 이유에 대해 이야기해 보십시오.

Q

1. 여러분은 시간과 돈 중 무엇이 더 중요합니까?
   시간과 돈을 효율적으로 쓰려면 어떻게 해야 한다고 생각합니까?

2. 여러분은 용돈을 어떻게 사용합니까? 어디에 가장 많은 돈을 지출합니까?

제9과
경제와 소비

【읽기】 성공을 위한 경제 원리

어휘 익히기 경제 원리 관련 어휘
문법 익히기 -(으)ㄴ 채(로)
전략 익히기 중심 내용 파악하기
읽기 성공을 위한 경제 원리에 대한 글 읽기

【쓰기】 소비의 미덕

어휘 익히기 소비 관련 어휘
문법 익히기 은/는커녕
전략 익히기 주장의 글 쓰기
쓰기 소비의 미덕에 대한 글 쓰기

09 읽기

성공을 위한 경제 원리

준비하기

1. 여러분은 다음의 속담들을 들어 본 적이 있습니까? 속담과 관련된 각각의 경제 원리를 찾아 연결해 보십시오.

속담		경제 원리
(1) 싼 게 비지떡이다 •		• 같은 가격이라면 효용이 큰 것을 선택한다
(2) 같은 값이면 다홍치마 •		• 추가 소비로 인한 만족도는 감소하기 마련이다
(3) 맛있는 음식도 늘 먹으면 싫다 •		• 구매 시 가격만 고려하면 잘못된 소비를 하게 된다
(4) 산토끼 잡으려다 집토끼 놓친다 •		• 모든 선택에는 그 선택에 따르는 대가가 있기 마련이다

2. 여러분이 유학 생활을 선택하면서 지불한 대가에는 무엇이 있습니까? 여러분이 유학을 하면서 얻은 것과 잃은 것에 대해 이야기해 보십시오.

유학을 하면서 얻은 것	유학을 하면서 잃은 것

어휘 익히기

1. 다음은 경제 원리와 관련된 어휘입니다.

(1) 밑줄 친 어휘의 의미를 추측해 보십시오.

① 대출을 받을 때는 주로 <u>거래하는</u> 은행을 이용하는 것이 유리하다.

② 이번 화재로 <u>금전적인</u> 피해도 있었지만 더 큰 피해는 정신적인 것이었다.

③ 올림픽 기념 주화는 <u>한정된</u> 수량만 발행하기 때문에 구하기 매우 어렵다.

④ 금리가 낮아짐에 따라 저축하는 것보다 주식에 <u>투자하는</u> 것이 좋다고 한다.

⑤ 이것은 아주 오래된 고대 유물이기 때문에 그 가치를 돈으로 바꾸어 <u>환산할</u> 수 없다.

⑥ 최근 들어 한국전자 휴대 전화의 수출이 늘어나면서 세계 시장 <u>점유율</u> 1위를 차지했다.

⑦ 멜론 맛 아이스크림이 인기가 많아지자 제과 업체들은 멜론 맛 사탕, 껌 등을 <u>출시하기</u> 시작했다.

⑧ 해외 영업 3팀은 경험이 많지 않은 신입 사원들로 구성되었음에도 불구하고 올해 기대 이상의 <u>성과</u>를 올렸다.

(2) 다음은 (1)에서 제시한 어휘의 의미입니다. 의미에 알맞은 어휘를 찾아 써 보십시오.

① 계산하여 나타내다 ____________________

② 일을 이루어 낸 결실 ____________________

③ 경제적 이익과 관련되다 ____________________

④ 시장에 물건을 만들어서 선보이다 ____________________

⑤ 전체에서 어느 하나가 차지하는 비율 ____________________

⑥ 상품이나 서비스를 주고받거나 사고팔다 ____________________

⑦ 일정한 범위나 수량이 제한되어 정해지다 ____________________

⑧ 이익을 얻을 목적으로 돈이나 정성을 쏟다 ____________________

2. 다음 보기에서 알맞은 것을 골라 문장을 완성해 보십시오.

보기			
바탕	명성	명시적	초일류
간과하다	손꼽히다	극대화하다	향상시키다

(1) 민주주의는 자유와 평등 이념에 기본적인 ________________을/를 두고 있다.

(2) 우리는 교통사고의 심각성을 절대로 가볍게 여기거나 ________________ 안 된다.

(3) 끊임없이 기술을 개발해야 다른 기업보다 앞선 ________________ 기업이 될 수 있다.

(4) 세계적인 소프라노로 ________________을/를 날리고 있는 그녀가 연말 공연을 위해 내한했다.

(5) 예산을 실제로 어디에 얼마나 사용했는지 구체적인 내역을 ________________(으)로 밝혀야 한다.

(6) 올해 가장 강력한 우승 후보로 ________________ 있는 팀은 지난해 이 대회에서 준우승한 팀이다.

(7) 이 요가 동작은 동작이 커 움직임을 ________________ 때문에 근육을 이완시키는 데 효과적이다.

(8) 나는 한국어 듣기 실력을 ________________ 위해 1주일에 5일 이상 텔레비전 뉴스를 보고, 한국어 교재에 있는 CD도 매일 들었다.

문법 익히기

-(으)ㄴ 채(로)

동사에 붙어 어떤 행위를 한 상태 그대로 있음을 나타낸다.

예
- A: 골프장에서 여러 번 연습해도 공이 멀리 나가지 않아요. 어떻게 해야 공을 멀리 칠 수 있을까요?
  B: 최대한 어깨의 힘을 **뺀 채로** 두 팔을 크게 올렸다가 공을 맞혀 보세요. 그럼 지금보다 멀리 칠 수 있을 거예요.
- 좋은 추억만을 **간직한 채** 한국을 떠난다.
- 물을 절약하려면 수돗물을 틀어 **놓은 채로** 양치질을 하거나 설거지를 하는 생활 습관부터 고쳐야 한다.

연습 **다음 보기에서 알맞은 것을 골라 '-(으)ㄴ 채(로)'를 사용해서 문장을 완성해 보십시오.**

보기

열다　　잊다　　잡다　　무시하다　　유지하다

(1) 아버지는 내 의견은 ________________ 당신의 뜻만 강요하셨다.

(2) 고향을 떠나오던 날 어머니는 내 두 손을 꼭 ________________ 눈물을 흘리셨다.

(3) 사람들이 하는 이야기가 너무 재미있어서 약속을 ________________ 계속 듣고 있었다.

(4) 이 무덤에서 발견된 유물은 옛날에 만들어진 당시의 형태를 그대로 ________________ 발견되었다.

(5) 창문을 ________________ 공기청정기를 켜면 밖에서 들어오는 신선한 공기가 순환되지 않는다.

전략 익히기 중심 내용 파악하기

글의 중심 내용을 파악하기 위해서는 주제문을 찾아야 한다. 주제문이 글 속에 있는 경우도 있지만 없는 경우에는 핵심어와 중심이 되는 내용을 찾는다. 찾은 핵심어와 중심 내용을 요약하여 한 문장의 주제문을 만들 수 있다.

예

다음은 '책 읽기'에 대한 내용입니다. 글을 읽고 중요한 내용에 밑줄 친 후 중심 내용을 파악해 보십시오.

나는 어려운 일이 있을 때마다 책을 찾는다. 책을 읽으면 나와 다른 세상에서 살고 있는 주인공이 나와 비슷한 고민을 하는 모습을 발견하게 된다. 그러면서 내가 겪는 어려움이 누구나 겪는 인생의 과정이라는 것을 깨닫게 되고, 주인공이 문제를 해결하는 모습을 객관적으로 지켜보면서 내가 겪고 있는 문제의 해결책도 찾을 수 있게 된다. 그래서 나는 어려움이 생길 때 항상 책을 읽었다. 살다보면 누구나 예상하지 못한 문제로 여러 걱정이 몰려올 때가 있다. 그럴 때 책에서 해결 방법을 찾아보면 어떨까?

중심 내용	어려운 일이 있거나 여러 걱정이 몰려올 때 책을 읽는 것이 좋다.

연습 **다음을 읽고 중요한 내용에 밑줄 친 후 중심 내용을 파악해 보십시오.**

1. '혈액'에 대한 내용입니다.

혈액은 우리 몸을 구성하고 있는 물질로 체중의 약 8%를 차지한다. 혈액은 혈관을 따라 온몸 구석구석을 도는데, 이처럼 쉬지 않고 온몸을 도는 혈액은 우리 몸에서 어떤 일을 하고 있을까? 먼저 혈액은 호흡으로 우리 몸에 들어온 산소를 온몸에 전달해 준다. 그리고 산소뿐 아니라 단백질, 비타민 등 생존에 꼭 필요한 영양소들을 운반하는 역할도 담당한다. 그래서 우리 몸 곳곳에 있는 세포는 혈액을 통해 필요한 물질을 공급받을 수 있다.

중심 내용	

2. '밥'에 대한 내용입니다.

정말 인간은 빵만으로는 살아갈 수 없다. 하지만 한국인은 밥만으로도 살아갈 수 있는 것이다. 왜냐하면 밥에는 단순히 배만 채우는 물질만 있는 것이 아니라 모락모락 오르는 김처럼 정이 서려 있고 사랑이 배어 있기 때문이다. 더불어 한국인의 정신도 깃들어 있다. 과장이 아니다. 우리나라는 멀리서 손님이 오면 밥을 갓 지어 내놓았다. 반찬의 가짓수는 그다지 중요하지 않다. 모락모락 김이 오르는 갓 지은 더운밥을 한술 뜨는 순간, 손님은 주인의 따뜻한 마음과 두터운 정을 느끼게 된다.

* 출처: 민현식 외, 『중학교 국어 4』, 좋은책 신사고, 2012, 74–75쪽(이어령의 '빵과 밥' 중에서).

중심 내용	

3. '리더(leader)'에 대한 내용입니다.

리더는 조직이나 단체 등에서 전체를 이끌어 가는 위치에 있는 사람으로, 단체의 구성원과 결정에 대한 책임을 지는 사람이다. 따라서 리더가 어떠한 사람인지에 따라 조직이나 단체의 업무 분위기나 성과가 달라질 수 있다. 리더가 조직이나 단체를 올바른 방향으로 이끌기 위해서 자신의 위치에 맞는 경험과 교육의 기본 자질을 갖추어야 한다. 경험은 예상치 못한 다양한 문제를 해결해 나갈 때 중요하게 작용하며, 교육은 현명한 판단과 의사 결정을 하는 데 필요하다. 또한 조직의 성공은 리더의 창의성에 달려 있다고 해도 과언이 아니다. 문제 해결을 위해 리더가 순발력과 창의성을 얼마나, 어떻게 발휘하는지가 매우 중요하기 때문이다.

중심 내용	

읽기 성공을 위한 경제 원리에 대한 글 읽기

다음을 읽고 물음에 답하십시오.

성공을 위한 경제 원리

우리 주변에는 성공한 기업이 있는가 하면 단 한 번의 잘못된 선택으로 한때의 명성을 뒤로 한 채 우리의 기억 속에서 자취를 감춰 버린 기업들도 있다. 모든 기업들은 초일류 기업을 꿈꾸며 매일 도전하지만 모두 그 꿈을 이루는 것은 아니다. 기업들은 한순간의 결정으로 성공과 실패의 기로에 서게 되기도 한다. '기술 개발과 직원 복지 중 무엇을 더 우선시할 것인가?', '투자를 한다면 어느 분야에 투자해야 하는가?' 등 선택의 문제는 어느 기업에나 있기 마련이다.

누구나 가고 싶어 하는 기업으로 이름을 떨치고 있는 A 기업은 현재 세계 최대의 정보 통신 기업으로 손꼽힌다. A 기업은 모바일 시대에서 인공 지능 시대로 나아가는 혁신적인 기술을 개발, 출시하고 있다. A 기업이 이러한 미래지향적이고 창의적인 성과들을 낼 수 있었던 것은 직원에 대한 복지에 가장 많은 투자를 했기 때문이다. 전문가들도 A 기업의 발전에는 인재 채용을 가장 중시하고 채용된 직원이 자유롭고 편안하게 일하는 환경을 만들어, 이들의 창의력을 극대화한 점이 바탕이 되었다고 평가한다. 이렇게 A 기업은 기업을 세계 인재들이 일하고 싶어 하는 곳으로 만듦으로써 초일류 기업으로 발돋움하고, 정보 통신계의 중심에 서게 된 것이다.

그렇다면 A 기업의 경우처럼 현명한 선택을 하려면 어떻게 해야 할까? 정답은 아주 간단할지도 모른다. 당장 눈앞의 비용보다 미래의 발전 가능성과 앞으로의 이익이 큰 것을 선택하는 것이다. 그런데 비용을 생각할 때 간과하면 안 되는 것이 '기회비용'의 개념이다. 기회비용이란 하나를 선택함으로 해서 포기할 수밖에 없는 것을 비용으로 환산한 것이다. 이때의 비용은 금액으로 계산될 수도 있고 금액으로는 계산하기 어려운 것일 때도 있다.

A 기업의 경우처럼 직원들의 복지 향상에 투자할 경우 직접적으로 발생하는 비용이 있을 수 있다. 예를 들면 편의시설 설비비, 자기 계발 지원비, 식비 등과 같이 눈에 보이는 명시적 비용이다. 이 명시적 비용 외에 직원 복지에 집중 투자함으로써 포기할 수밖에 없었던 다른 기회에 대한 비용도 있을 수 있다. A 기업의 경우 자본을 직원 복지에 투자하지 않았다면 그것을 다른 산업에 분산하여 투자하거나 기술 개발비나 마케팅비에 쓸 수 있고, 그때 얻을 수 있는 금전적 이익과 기업의 인지도 상승 등의 계산하기 어려운 이익이 있었을 것이다. 이 포기한 모든 이익을 비용으로 계산한 것이 바로 기회비용이다. 그러므로 직원 복지에 집중 투자하기로 한 선택에는 명시적 비용뿐만 아니라 기회비용까지 포함한 비용이 지출된 셈이다. 그런 의미에서 최선의 선택을 하기 위해서는 기회비용을 포함한 총 비용보다 그 선택으로 가져올 이익이 최소한 같거나 많아야 한다.

이러한 기회비용의 문제는 기업뿐 아니라 개인의 선택에서도 마찬가지로 중요하다. 개인에게도 주어진 시간과 자산은 한정되어 있기 때문에 하나를 선택한다는 것은 또 다른 하나를 포기해야 한다는 의미이기도 하다. 특히 경제생활에서 투자를 하거나 소비를 할 때 현명한 선택을 하기 위해서는 비용과 이익을 잘 고려한 결정이 이루어져야 한다.

1. 각 문단의 중심 내용을 요약해 보십시오.

문단	중심 내용
첫 번째	모든 기업은 어떤 선택을 하느냐에 따라 성공과 실패의 기로에 선다.
두 번째	A 기업은 복지에 투자해 인재들이 가고 싶은 회사를 만들어 초일류 기업으로 발돋움하고, 정보 통신계의 중심에 섰다.
세 번째	
네 번째	
다섯 번째	개인의 경제생활에서도 기회비용에 대한 이해가 있어야 한다.

2. 이 글의 내용과 같은 것은 무엇입니까?

① 분산 투자보다는 집중 투자가 기회비용이 적다.
② 기회비용의 개념은 개인보다는 기업에게 더 중요하다.
③ 선택으로 인한 이익이 총 비용보다 같거나 커야 현명한 선택이 된다.

3. A 기업에 대한 설명으로 맞지 <u>않는</u> 것은 무엇입니까?

① 세계 인재들에게 일하고 싶은 직장으로 손꼽힌다.
② 마케팅에 집중 투자하여 기업의 인지도가 상승했다.
③ 혁신적인 기술로 정보 통신계에서 이름을 떨치고 있다.

4. 다음 공식 중 글의 내용과 <u>다른</u> 것은 무엇입니까?

① 총 비용 = 명시적 비용 + 기회비용
② 기회비용 = 명시적 비용 + 투자 비용
③ 명시적 비용 = 투자비 + 인건비 + 시설 설비비 + 기타 실질적인 비용

5. 시간당 1만 원을 받는 4시간짜리 아르바이트를 취소하고 영화를 볼 경우, 영화를 보는 데 드는 비용을 계산하려고 합니다. 기회비용에 포함시켜야 하는 것을 모두 골라 보십시오.

① 영화를 보기 위해 내는 관람료

② 영화를 관람하면서 얻는 즐거움

③ 영화관까지 가는 데 드는 교통비

④ 네 시간 동안 아르바이트를 하면서 얻는 수입

⑤ 아르바이트를 취소함으로써 잃게 되는 신뢰

생각 넓히기

대학 졸업 후 대학원에 진학할 수도 있고 취직을 할 수도 있습니다. 대학원 진학과 취직 시 드는 각각의 비용과 이익을 계산해 보고, 어떤 선택이 효율적일지 이야기해 보십시오.

	비용	이익
대학원 진학 시	• 등록금 ________ • 책값 ________ • •	• • • •
취직 시	• • • •	• • • •

소비의 미덕

준비하기

1. 여러분은 행복한 삶을 살기 위해서 소비와 저축 중에서 무엇을 더 많이 해야 한다고 생각합니까?

2. 다음은 경제학자 존 메이너드 케인스(John Maynard Keynes)의 주장입니다. 이 주장에 대한 여러분의 생각을 이야기해 보십시오.

소비가 미덕이고 저축은 악덕이다

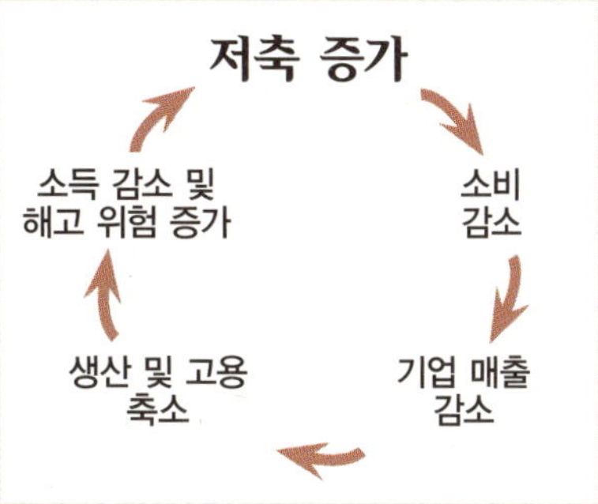

경기가 안 좋아지면 사람들은 소비보다 저축을 더욱 늘리려는 경향이 있다. 그런데 사람들이 소비를 줄이면 기업의 매출이 줄어들어 재고가 쌓이게 된다. 기업은 생산과 고용을 줄이게 되고 사람들의 소득이 줄어들게 된다. 그러면 미래가 더 불확실해져 소비를 줄이고 저축을 늘려야 한다는 생각이 더 강해져서 전체 경기는 더 나빠지게 된다. 따라서 경기가 안 좋을 때일수록 저축을 줄이고 소비를 늘려야 한다.

어휘 익히기

1. 다음은 소비와 관련된 어휘입니다. 보기에서 알맞은 것을 골라 문장을 완성해 보십시오.

보기

내수 부채 불황 이자 욕구 경제관념

(1) 정부는 어제 우리나라 가계의 ______________ 이/가 매우 심각하다고 발표했다.

(2) 저축을 할 때는 ______________ 이/가 높지 않아도 안전한 은행을 선택하는 편이 낫다.

(3) 작년 말부터 경기가 나아지면서 수출이 늘어나고 ______________ 이/가 증가하기 시작했다.

(4) 경기가 침체되어 ______________ 이/가 계속되면서 비싸지 않은 중저가 상품을 찾는 사람이 늘고 있다.

(5) 이번 신제품이 성공한 이유는 소비자의 ______________ 을/를 반영하려는 적극적인 노력이 있었기 때문이다.

(6) 그 사람은 ______________ 이/가 부족해서 돈을 쓸 필요가 없는 곳에 돈을 쓰고 정작 돈을 써야 할 때 못 쓰는 경우가 많다.

2. 다음을 읽고 알맞은 것을 고르십시오.

(1) 이 지역에 터널이 새로 생겨서 교통이 더욱 (원활하게, 활발하게) 되었다.

(2) 그 가수의 노래는 젊은이들에게 희망과 용기를 (가만둬, 불어넣어) 주었다.

(3) 자금이 제대로 (들지, 돌지) 않아 기업들이 줄줄이 무너지는 사태가 발생했다.

(4) 화가 났을 때는 (합리적인, 비합리적인) 사고를 하기 어려우므로 화가 가라앉은 후에 대화하는 것이 좋다.

(5) 공장 폐수나 생활 하수가 지하수로 들어가지 않도록 오염된 물의 (구입, 유입)을 막기 위한 대책 마련이 시급하다.

(6) 스포츠 인재 양성을 위한 국가적 투자는 스포츠의 발전으로, 이는 다시 스포츠계의 발전을 위한 재투자로 이어지는 (선순환, 악순환)이 이루어지고 있다.

문법 익히기

은/는커녕

명사에 붙어 앞의 것은 말할 필요도 없이 어렵거나 불가능하고 그것보다 덜하거나 못한 것도 이루기 어려움을 나타낸다.

예
- A: 수진 씨, 수진 씨는 저축을 많이 하고 있어요?
  B: 많이 하기는요. 월급이 많지 않아서 **저축은커녕** 먹고살기에도 빠듯해요.
- 해외로 유학을 간 친구에게서 **전화는커녕** 편지 한 통도 없다.
- 그 정치인은 국민들에게서 신뢰를 **얻기는커녕** 복잡한 사생활로 비난의 대상이 되고 있다.

연습 다음 보기에서 알맞은 것을 골라 '은/는커녕'을 사용해서 문장을 완성해 보십시오.

보기

듣다　　뛰다　　줄다　　꺾이다　　사과하다

(1) 그 사람은 자신이 저지른 잘못을 뉘우치고 ________________ 변명만 계속 늘어놓고 있었다.

(2) 8월 말에 접어들었지만 늦더위의 기세가 ________________ 날이 갈수록 점점 더 심해지고 있다.

(3) 기름 값이 올랐는데도 석유 소비가 ________________ 전년 같은 시기에 비해 2.6%나 늘었다고 한다.

(4) 나는 머리가 아파서 수업을 ________________ 앉아 있을 수도 없어서 집으로 돌아올 수밖에 없었다.

(5) 그 육상 선수는 경기 도중 넘어져 다시 일어나려 했지만 통증이 심한지 ________________ 일어나지도 못해 결국 포기하고 말았다.

전략 익히기

주장의 글 쓰기

주장의 글은 설득력이 있어야 한다. 주장의 글을 쓸 때는 논제에 대한 자신의 입장을 정한 후에 그 입장을 타당하게 할 구체적이고 다각적인 논거들을 마련해야 한다. 그리고 그것을 바탕으로 글을 논리적으로 구성해야 한다.

표현	예문
-도록 -지 않으면 안 된다	작심삼일이 되지 **않도록** 결심한 것을 **실천하지 않으면 안 된다.**
-게끔 -아/어야 할 것이다	후회하지 **않게끔** 전공을 선택할 때 신중을 **기해야 할 것이다.**
-기 위해서 -(으)ㄹ 필요가 있다	한국 문화를 세계에 **알리기 위해서** 노력을 **기울일 필요가 있다.**
-려면 -는 것이 바람직하다	집을 **마련하려면** 젊을 때부터 **저축하는 것이 바람직하다.**

예

다음은 '외래어'에 대한 내용입니다. 주장의 글을 써 보십시오.

주장	외래어를 순우리말로 바꿔야 한다.
근거	시간이 지날수록 외래어의 수가 늘어나 순우리말이 사라질 우려가 있음

⇩

외래어는 외국에서 들어온 말로 한국어처럼 쓰이는 단어를 말한다. 국가 간 교류가 활발해짐에 따라 외래어 사용량이 하루가 다르게 늘어나고 있다. 이러한 현상이 지속되다 보면 시간이 지날수록 외래어의 수가 늘어나 결국 순우리말이 사라질 우려가 있다. 따라서 아름다운 순우리말을 **지키기 위해서는** 외래어를 순우리말로 **바꿀 필요가 있다.**

연습 다음을 보고 주장의 글을 써 보십시오.

1. '가수들의 립싱크'에 대한 내용입니다.

주장	가수들의 립싱크를 금지해야 한다.
근거	립싱크는 가수들의 실력 경쟁을 막아 대중음악의 수준을 떨어뜨림

⇩

2. '청소년 범죄'에 대한 내용입니다.

주장	청소년 범죄에 대한 처벌을 강화해야 한다.
근거	강하게 처벌해야 법이 무서운 것을 알게 되어 범죄의 재발을 막을 수 있음

⇩

쓰기 　　　소비의 미덕에 대한 글 쓰기

1. 다음을 보고 경제 발전을 위해 소비가 더 필요하다고 주장하는 것이면 '소비', 저축이 더 필요하다고 주장하는 것이면 '저축'이라고 써 보십시오.

(1) 소비는 경제에 활기를 불어넣습니다. 소비가 활발하면 기업이 살고 기업이 살면 사람들의 소득도 늘어나기 마련입니다.

(　　　　　)

(2) 저축을 해야 부채를 막을 수 있어요. 저축을 해 놓지 않으면 돈이 필요할 때 빚을 지게 되는데요. 빚이 늘면 소비도 줄어들게 돼서 경제 침체의 요인이 되지요.

(　　　　　)

(3) 은행에 저축한 돈은 기업에 자본금으로 사용될 수 있어요. 기업이 자본을 필요로 할 때 저축한 돈이 투자되면 경제가 더 크게 발전할 수 있어요.

(　　　　　)

(4) 소비가 활발하면 투자도 활발해 집니다. 국내뿐 아니라 해외 자본이 투자금으로 유입되어 경제가 살아나게 됩니다.

(　　　　　)

2. 여러분은 소비가 미덕이라고 생각합니까? 아니면 저축이 미덕이라고 생각합니까? 소비의 미덕에 대한 주장의 글을 쓰려고 합니다. 주장과 근거를 메모해 보십시오.

주장	
근거 1	
근거 2	

3. 소비의 미덕에 대한 주장의 글을 완성해 보십시오.

소비의 미덕

경기가 어려워지면 사람들은 소비를 줄이고 저축은 늘리려고 한다. 소비를 줄이고 저축을 늘리면 기업의 매출이 떨어져 기업은 생산과 고용을 줄이게 되고 사람들의 소득이 줄어들 수 있다. 이에 경제학자 존 메이너드 케인스(John Maynard Keynes)는 저축이 경제 전체에 부정적 영향을 끼칠 수 있다며 '소비는 미덕, 저축은 악덕'이라고 했다. 그의 주장처럼 경제 발전을 위해서 저축보다 소비가 더 필요한 것일까?

생각 넓히기

소비를 할 때는 정해진 소득으로 최대의 만족을 얻도록 하는 합리적인 소비를 하는 게 중요합니다. 여러분은 자신이 합리적 소비를 하고 있다고 생각합니까? 이야기해 보십시오.

Q

1. 여러분은 얼마나 자주 영화를 봅니까?
   여러분이 최근에 본 영화는 무엇입니까?

2. 여러분이 본 영화 중에서 친구들에게 추천하고 싶은 영화는 무엇입니까?
   그 영화를 추천하는 이유는 무엇입니까?

제10과
영화의 이해

【읽기】 영화 속의 소리

어휘 익히기 **영화 관련 어휘**
문법 익히기 **(으)로써**
전략 익히기 **마인드맵을 활용하여 읽기**
읽기 **영화 속의 소리에 대한 글 읽기**

【쓰기】 영화 감상

어휘 익히기 **영화 감상 관련 어휘**
문법 익히기 **-(으)ㄴ 나머지**
전략 익히기 **감상의 글 쓰기**
쓰기 **영화 감상에 대한 글 쓰기**

10
읽기

영화 속의 소리

준비하기

1. 다음은 영화를 이루는 구성 요소입니다. 여러분이 영화를 볼 때 중요하게 생각하는 것에 V표 하고 그 이유에 대해서 이야기해 보십시오.

☐ 대사	☐ 연기	☐ 영상
☐ 음악	☐ 의상	☐ 줄거리

2. 여러분은 다음 영화를 본 적이 있습니까? 다음 영화는 영화의 구성 요소 중에서 어떤 점이 뛰어났다고 생각하는지 이야기해 보십시오.

닥터 지바고(Doctor Zhivago, 1965)

- 감독: 데이비드 린(David Lean)
- 내용: 러시아 혁명을 배경으로 역동적인 인생을 산 의사 지바고의 이야기
- 장르: 전쟁 드라마

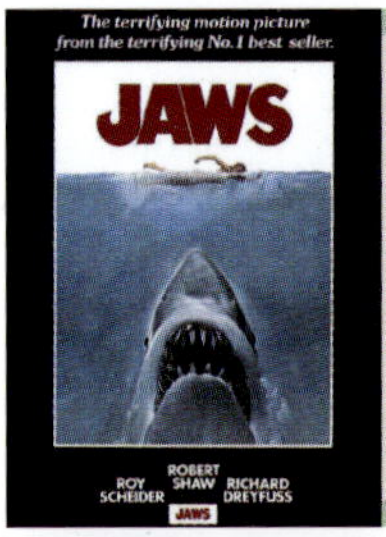

죠스(Jaws, 1975)

- 감독: 스티븐 스필버그(Steven Spielberg)
- 내용: 바닷가에 나타난 상어와 그 상어를 쫓는 사람들의 이야기
- 장르: 공포, 스릴러

라디오 스타(2006)

- 감독: 이준익
- 내용: 가수와 그의 매니저 사이의 우정을 그린 훈훈한 이야기
- 장르: 코미디, 드라마

어휘 익히기

1. 다음은 영화와 관련된 어휘입니다.

(1) 밑줄 친 어휘의 의미를 추측해 보십시오.

① 캄캄했던 무대 위에 뮤지컬 배우들이 등장하자 조명이 켜지고 웅장한 연주가 시작되었다.

② 그 영화는 개봉 전에 열린 시사회에서 기자들의 뜨거운 호평을 받으며 완성도를 인정받았다.

③ 감독은 배우들에게 즉흥적으로 연기하지 말고 주어진 대본에 충실하게 연기하도록 요구했다.

④ 그 영화배우는 20대의 젊은 청년이지만 노인으로 분장을 하고 70대의 할아버지 역할을 해냈다.

⑤ 역사 드라마에서는 가구, 그릇 등 소품 하나하나가 역사적으로 문제가 없는지 확인을 거쳐야 한다.

⑥ 〈난타〉는 공연을 보러 온 관객이 구경만 하지 않고 직접 참여할 수 있도록 하여 큰 호응을 얻었다.

⑦ 소설에서 이야기를 이끌어 가는 주인공은 주변 사람들의 방해나 환경적인 어려움을 결국 모두 극복해 낸다.

⑧ 한국전자에서 새로 출시한 텔레비전은 맑고 입체적인 음향과 뛰어난 성능을 갖추고 있어서 소리가 선명하게 잘 들린다.

(2) 다음은 (1)에서 제시한 어휘의 의미입니다. 의미에 알맞은 어휘를 찾아 써 보십시오.

① 소리와 울림 ______________

② 밝게 비추는 빛 ______________

③ 연극, 영화의 대사 등을 쓴 책 ______________

④ 등장인물에 맞게 배우를 꾸밈 ______________

⑤ 공연, 영화, 경기 등을 보는 사람 ______________

⑥ 연극, 영화, 소설의 중심이 되는 인물 ______________

⑦ 영화, 광고를 시험적으로 공개하는 모임 ______________

⑧ 연극, 영화의 무대나 분장에 쓰는 작은 도구 ______________

2. 다음 보기에서 알맞은 것을 골라 문장을 완성해 보십시오.

보기			
말끔히	소홀히	감미롭다	반사하다
불길하다	적절하다	전개되다	짐작하다

(1) 몇 달 동안 계속됐던 오른쪽 어깨의 통증이 수술을 받은 후 모두 ________________ 사라졌다.

(2) 글을 쓸 때는 문맥과 상황에 가장 ________________ 표현이 무엇인지 끊임없이 고민해야 한다.

(3) 그 남자 가수는 부드럽고 ________________ 목소리로 수많은 여성 팬들의 마음을 사로잡았다.

(4) 나는 친구의 목소리를 듣고 친구에게 심각한 일이 생겼다는 것을 ________________ 수 있었다.

(5) 한국에서는 까마귀가 우는 소리를 들으면 ________________ 일이 생길지도 모른다고 생각한다.

(6) 나는 드라마를 보면서 앞으로 사건들이 어떻게 ________________ 미리 추측해 보는 것이 재미있다.

(7) 무더운 여름에는 빛을 흡수하는 어두운색보다는 빛을 ________________ 밝은색의 옷을 입는 것이 좋다.

(8) 아무리 상품의 품질이 좋아도 손님을 ________________ 대접하고 서비스가 좋지 않으면 그 가게는 문을 닫게 된다.

문법 익히기

(으)로써

명사에 붙어 도구나 수단, 방법을 나타낸다. 동사의 경우 '-(으)ㅁ으로써'로 자주 사용된다.

예
- A: 박사님, 가까운 사람과 갈등이 생겼을 때는 어떻게 해야 할까요?
  B: 서로 마음을 터놓고 **대화로써** 갈등을 해결하는 것이 바람직합니다.
- 부모는 자녀에게 말로만 지시하지 말고 **행동으로써** 모범을 보여야 한다.
- 이화병원 의사들은 한 달에 한 번 의료 봉사활동을 **함으로써** 사랑을 실천하고 있다.

연습 **다음을 연결하고 '(으)로써'를 사용해서 문장을 완성해 보십시오.**

(1)	자존감을 높이다	• •	후회를 나타낼 수 있다
(2)	새로운 과학 기술이 발달하다	• •	조리 시간을 단축시켜 주다
(3)	다른 기업의 경영 사례를 듣다	• •	세계가 급속도로 하나가 되었다
(4)	"그러지 말걸 그랬어."라고 표현하다	• •	삶의 의미를 찾고 활력을 회복할 수 있다
(5)	이 냄비는 높은 온도를 신속하게 전달하다	• •	우리 기업을 어떻게 경영해야 할지 답을 찾았다

(1) ______________________________.

(2) ______________________________.

(3) ______________________________.

(4) ______________________________.

(5) ______________________________.

전략 익히기 마인드맵을 활용하여 읽기

마인드맵(mind map)이란 지도를 그리듯이 줄거리를 정리하는 방법으로 내용을 구조적으로 이해하고 기억하는 데 도움이 된다. 마인드맵을 그릴 때는 나무에서 가지가 뻗어나가는 것처럼 중심 개념이나 핵심어로부터 정보들이 사방으로 뻗어나가도록 한다. 핵심어는 한두 단어로 적는 것이 효과적이며 곳곳에 이미지를 사용하는 것도 좋다.

예

다음은 '예술의 장르'에 대한 내용입니다. 마인드맵을 활용하여 내용을 정리해 보십시오.

예술의 장르는 크게 공간 예술과 시간 예술로 구분할 수 있다. 공간 예술은 정지의 예술이라고도 하는데 회화, 조소, 건축 등이 이에 속한다. 회화는 색과 선으로, 조소는 형체로, 건축은 물질적인 재료로 예술가의 감각을 표현한다. 시간 예술은 운동의 예술이라고도 하며 문예, 음악, 무용 등이 여기에 해당한다. 그리고 문예는 언어로, 음악은 음과 리듬으로, 무용은 신체로 표현한다.

⇩

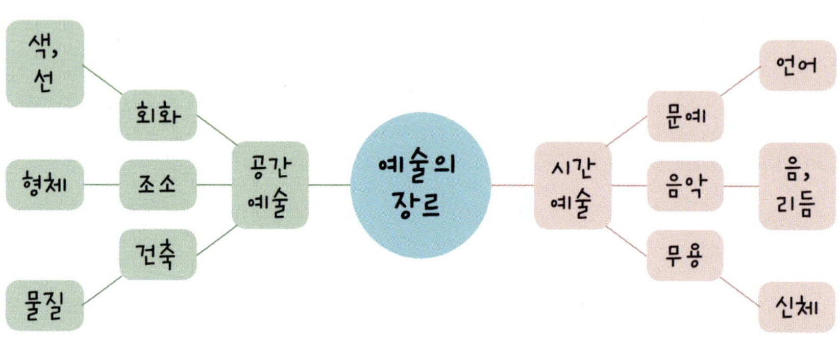

연습 **다음을 읽고 마인드맵을 활용하여 내용을 정리해 보십시오.**

1. '나무의 종류'에 대한 내용입니다.

나무는 크게 침엽수와 활엽수로 구분할 수 있다. 먼저 침엽수는 잎이 좁고 바늘처럼 뾰족하다. 대표적인 침엽수에는 한국에서 흔히 볼 수 있는 소나무와 잣나무가 있다. 침엽수는 주로 건축 재료로 사용된다. 건조와 추위에 강하며 나무가 질기기 때문이다. 침엽수와 반대로 활엽수는 잎이 넓고 크다. 느티나무, 밤나무 등이 활엽수에 속한다. 활엽수는 나무의 결이 아름다워서 가구나 악기에 많이 쓰인다.

2. '3대 아리랑'에 대한 내용입니다.

한국에는 3대 아리랑이 있다. 먼저 '정선 아리랑'은 슬프고 아름답다. 후렴 가사는 '아리랑 아리랑 아라리요. 아리랑 고개로 날 넘겨 주오.'이다. 다음으로 '밀양 아리랑'은 매우 흥겹다. 후렴 가사는 '아리 아리랑 쓰리 쓰리랑 아라리가 났네. 아리랑 고개로 날 넘겨 주소.'이다. 마지막으로 '진도 아리랑'은 흥겹다가 슬퍼진다는 특징이 있다. 후렴의 가사는 '아리 아리랑 쓰리 쓰리랑 아라리가 났네. 아리랑 응응응 아라리가 났네.'이다.

읽기

영화 속의 소리에 대한 글 읽기

다음을 읽고 물음에 답하십시오.

영화 속의 소리

영화를 구성하는 요소로는 주제, 인물, 플롯, 스토리, 영상, 소리 등을 들 수 있는데 이들은 서로 영향을 주고받으며 영화 전체를 구성하게 된다. 그중에서 소리 요소는 대사, 음향 효과, 음악 세 가지이다. 영화 속의 소리는 영상과 더불어 떼려야 뗄 수 없는 관계에 있으며 영화를 구성하는 중요한 요소 중 하나이다.

인물의 대사는 영화 속 이야기를 진행시킬 뿐만 아니라 주제 의식을 강조하는 요소로 작용할 수 있다. 우리는 흔히 대사 위주로 이야기가 전개되는 영화에 대해 영상미가 떨어진다는 선입관을 갖고 있다. 하지만 반드시 영상미가 뛰어나야만 영화로서 가치 있는 것은 아니다. 간결하고 상징적이며 감동적인 대사는 영화의 예술적 완성도를 높인다. 〈라디오 스타〉(2006)에서 "자기 혼자 빛나는 별은 없어. 별은 다 빛을 받아서 반사하는 거야."라는 대사는 진정한 스타의 의미를 상징적으로 표현한 명대사이다. 또 주인공이 자신을 떠난 매니저를 찾는 라디오 방송 장면에서 "형, 듣고 있어? 형이 그랬지? 저 혼자 빛나는 별이 없다며? 와서 좀 비춰 줘라."라고 말할 때는 잔잔한 감동까지도 전해 준다.

두 번째 요소인 음향 효과는 자칫 소홀히 다루기 쉬운 소리일지 모른다. 그러나 음향 효과의 특징을 잘 살린 영화를 보게 되면 그런 생각이 말끔히 사라진다. 알프레드 히치콕 감독의 〈사이코〉(1960)를 보면 이야기를 이끌어 가는 음향 효과가 작품의 주제 의식과 밀접한 연관이 있음을 알 수 있다. 이 영화는 빗소리, 샤워기의 물줄기 소리, 찢어지는 듯 날카로운 현악기 소리 등의 음향 효과를 사용함으로써 이 영화의 주인공이 정신분열증 환자이며, 그가 불안감, 공포감, 긴장감, 앞일에 대한 불길함 등을 느끼고 있다는 것을 아주 효과적으로 연상시킨다.

세 번째 요소로서의 음악은 주제 음악과 배경 음악으로 나뉜다. 우리가 영화 음악이라고 말할 때는 흔히 주제 음악을 떠올리는데, 주제 음악은 말 그대로 작품 전체의 주제를 상징하는 것이다. 배경 음악은 그 장면의 분위기를 돋우거나 상황을 묘사하는 음악이다. 〈닥터 지바고〉(1965)에서 '라라의 테마'는 주제 음악이며 상황 묘사의 배경 음악이기도 하다. 이 음악은 잔잔하고 감미로운 선율로써 사랑의 감정을 묘사하다가도 빠르고 불길한 음악으로 변하면서, 지바고와 라라의 운명을 표현한다. 따라서 영화의 음악을 잘 듣다 보면 감독의 작품 의도와 메시지를 짐작할 수 있다.

영화의 소리는 그것을 사용하는 감독의 의도에 따라 적절히 사용되며, 영화의 주제를 대변하는 역할까지 담당한다. 즉, 영화 속의 소리는 움직이는 영상에 생동감과 질서를 더해 줄 뿐만 아니라 영화의 주제를 파악할 수 있게 해 주는 중요한 요소로 작용하는 것이다.

1. 영화 속 소리의 역할이 아닌 것은 무엇입니까?

① 이야기를 전개한다.

② 영상에 생동감을 더한다.

③ 영화의 시작과 끝을 알린다.

2. 영화와 그 특징이 맞게 연결된 것은 무엇입니까?

① 〈라디오 스타〉 - 대사가 상징적이다.

② 〈사이코〉 - 주제 음악과 배경 음악이 같다.

③ 〈닥터 지바고〉 - 다양한 음향 효과를 잘 살렸다.

3. 이 글의 내용을 마인드맵으로 적절하게 표현한 것은 무엇입니까?

①

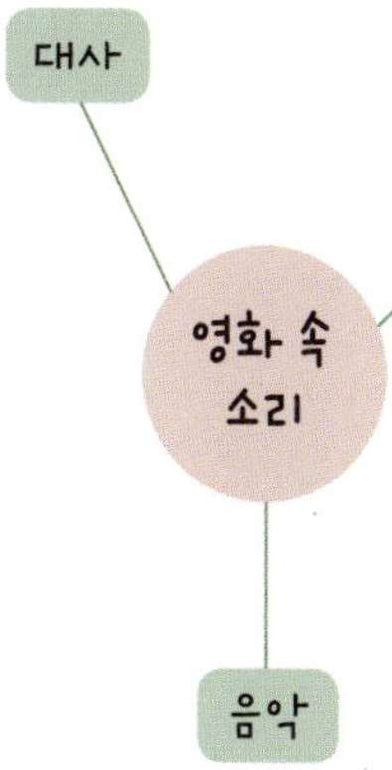

②

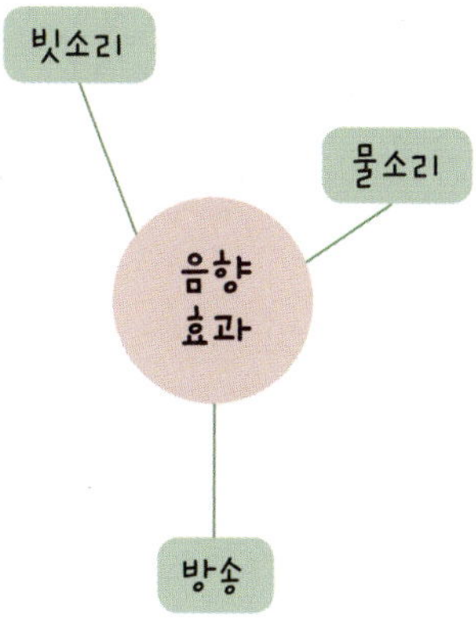

③

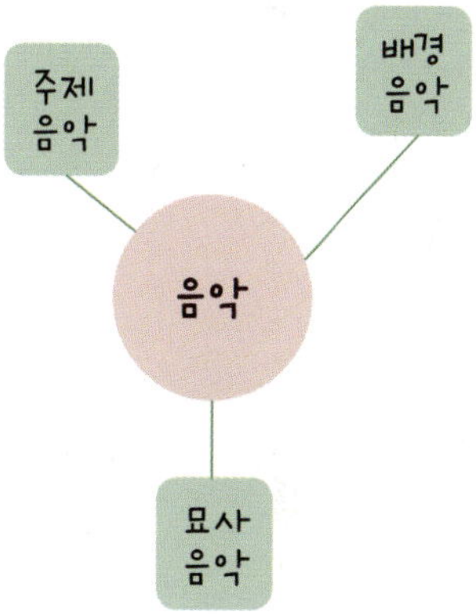

4. 이 글의 내용과 같은 것은 무엇입니까?

① 영상미가 있어야 뛰어난 영화로 인정받을 수 있다.

② 상징적인 대사로는 영화의 주제를 표현하기 어렵다.

③ 음향 효과로 영화 속 인물의 감정을 표현할 수 있다.

5. 글쓴이가 말하려는 것은 무엇입니까?

① 영화의 영상은 영화의 예술적 완성도를 높여 준다.

② 영화의 구성 요소 중에서 가장 중요한 것은 소리이다.

③ 영화 속에 사용되는 소리에는 주제 의식이 담겨 있다.

생각 넓히기

여러분이 본 영화 중에서 소리가 영상과 잘 어울려 영화의 완성도를 높였다고 생각되는 영화가 있습니까? 그 소리는 영화에서 어떤 역할을 했는지 이야기해 보십시오.

영화 제목	이유

영화 감상

준비하기

1. 다음 중 재미있게 본 영화가 있습니까? **보기** 중 한 가지를 택해 여러분이 본 영화에 대해서 이야기해 보십시오.

보기

주제 배경 주인공 촬영 기법 특수 효과

2. 영화 감상의 글을 쓸 때는 어떤 내용을 담아야 합니까? 또한 글의 앞부분, 중간 부분, 뒷부분에 어떤 내용을 쓰면 좋을 것 같습니까? 다음을 참고하여 글을 어떻게 전개시킬지 이야기해 보십시오.

- 영화를 보게 된 동기
- 영화에 대한 소개(감독, 출연자, 소재, 주제 등)
- 대략적인 영화의 줄거리
- 영화에 대한 다양한 정보(감독의 의도, 연출 스타일 등)
- 영화의 특징에 대한 해설(배우의 연기, 특수 효과, 음향 효과 등)
- 아름다웠던 음악이나 멋진 배경
- 인상 깊었던 장면과 그에 대한 자신의 생각이나 느낌

어휘 익히기

1. 다음은 영화 감상과 관련된 어휘입니다. 보기에서 알맞은 것을 골라 문장을 완성해 보십시오.

보기					
수작	실감	압권	돋보이다	사로잡다	인정받다

(1) 진심이 담긴 그의 연설은 견해가 다른 청중들의 마음까지 ________________.

(2) 그 영화는 부산 광안대교에서의 자동차 추격 장면이 ________________(이)다.

(3) 그의 소설은 문학사에 길이 남을 ________________(으)로 평가되고 있다.

(4) 그 감독은 대학교 졸업 작품으로 만든 단편 영화로 천재성을 ________________ 사람이다.

(5) '올해의 건축상'을 수상한 그 건축물은 독창성이 ________________ 설계라는 평가를 받았다.

(6) 그 배우는 악인을 ________________이/가 나게 연기해서 올해의 최우수 연기상 후보에 올랐다.

2. 다음을 읽고 알맞은 것을 고르십시오.

(1) 이상 기후 때문인지 날씨가 겨울답지 않게 (냉랭하다, 포근하다).

(2) 폭풍을 만난 배는 며칠 동안 바다를 (지나가다가, 표류하다가) 구조되었다.

(3) 그 희극 배우는 재미있는 이야기로 관객들의 폭소를 (자아냈다, 찾아냈다).

(4) 인간은 사회적 동물이므로 사회로부터 (결합돼서는, 고립돼서는) 살아 나갈 수 없다.

(5) 그 회사는 계획성 없이 (무모하게, 무안하게) 사업을 확장해서 결국 문을 닫고 말았다.

(6) 아무리 현실이 힘들더라도 현실에서 (도주하지, 도피하지) 말고 이겨 내려는 자세를 가져야 한다.

문법 익히기

-(으)ㄴ 나머지

동사, 형용사에 붙어 앞의 행위와 상태의 결과로 뒤의 일이 이어짐을 나타낸다. 주로 그 행위와 상태가 무리하게 이루어져 부정적인 결과가 발생했을 때 사용한다.

예
- A: 왜 이렇게 늦었어요?
  B: 미안해요. 지하철에서 책에 너무 **몰두한 나머지** 내릴 정거장을 지나쳤어요.
- 날씨가 **더운 나머지** 준비 운동도 하지 않고 바로 바다로 뛰어들었다.
- 아침에 학교에 늦을까봐 **서두른 나머지** 휴대 전화를 집에 놓고 나왔다.

연습 **다음을 연결하고 '-(으)ㄴ 나머지'를 사용해서 문장을 완성해 보십시오.**

(1) 돈을 물 쓰듯이 썼다	•	•	버스에서 졸았다
(2) 어제 밤을 새서 피곤하다	•	•	용돈이 바닥이 났다
(3) 최종 면접에서 너무 긴장했다	•	•	목소리가 쉬어 버렸다
(4) 남자 친구에게 너무 화가 났다	•	•	헤어지자고 말하고 말았다
(5) 올림픽 경기를 볼 때 소리 지르며 응원했다	•	•	면접관의 질문도 들리지 않았다

(1) ______________________________.

(2) ______________________________.

(3) ______________________________.

(4) ______________________________.

(5) ______________________________.

전략 익히기

감상의 글 쓰기

감상은 공연, 영화 등을 관람하고 느낀 감정이나 생각을 말한다. 감상의 글을 쓸 때는 작품에 대한 정보, 해석과 설명, 감상 후의 느낌을 정리하는 것이 좋다.

표현	예문
-기가 이를 데(가) 없다	무용가의 몸짓 하나하나가 **우아하기가 이를 데가 없다.**
-아/어서 눈을 뗄 수 없다	〈라라랜드(La La Land)〉는 멋진 장면이 **많아서** 잠시도 영화에서 **눈을 뗄 수 없었다.**
마치 -ㄴ/는 듯한 느낌이 들다	그 영화의 비행 장면이 실감나서 **마치** 하늘을 **나는 듯한 느낌이 들었다.**
-(으)로 묘사되다	그 소설에서 주인공은 겉으로는 강하지만 마음은 한없이 부드러운 외강내유의 **캐릭터로 묘사되고 있다.**

예

다음은 그림 〈별이 빛나는 밤〉에 대한 내용입니다. 감상의 글을 써 보십시오.

별이 빛나는 밤(The Starry Night, 1889)

- 화가: 빈센트 반 고흐(Vincent van Gogh)
- 정보: 전체적으로 어두운 색으로 밤 풍경을 담았음
- 감상: 어두운 밤하늘과 대조되는 강렬한 색채와 역동적인 붓의 터치가 만남
  일렁이는 불을 보는 듯한 느낌이 듦

⇩

빈센트 반 고흐의 〈별이 빛나는 밤〉은 제목에서 연상할 수 있듯이 전체적으로 어두운 색으로 거칠게 밤 풍경을 담았다. 그러나 어두운 밤하늘과 대조되는 강렬한 색채와 역동적인 붓의 터치가 만나면서 **마치** 하나의 일렁이는 불을 **보는 듯한 느낌이 들었다.**

연습 다음을 보고 감상의 글을 써 보십시오.

1. 영화 〈말아톤〉에 대한 내용입니다.

말아톤(2005)

- 감독: 정윤철
- 정보: 자폐증이 있는 청년과 그의 어머니를 모델로 해서 만들어진 영화
- 감상: 주인공 윤초원 역을 맡은 조승우의 연기는 자연스럽고 섬세함
  자폐 청년의 모습을 과장 없이 사실적으로 표현해 냄
  어머니는 장애인에 대한 세상의 시선에 당당히 맞서는 강한 인물로 그려지고 있음

⇩

2. 뮤지컬 〈오페라의 유령〉에 대한 내용입니다.

오페라의 유령(The Phantom of the Opera)

- 작곡가: 앤드류 로이드 웨버(Andrew Lloyd Webber)
- 정보: 프랑스 소설을 바탕으로 한 뮤지컬
- 감상: 볼거리로 가득한 무대 장치와 특수 효과는 마술을 부리는 것 같음
  주인공이 배를 타고 가는 장면에서는 이 배가 실제 물안개가 낀 강가를 여행하는 듯함

⇩

쓰기 영화 감상에 대한 글 쓰기

1. 다음을 보고 영화 〈김씨 표류기〉에 대해 이야기해 보십시오.

김씨 표류기(2009)

- 감독: 이해준
- 출연: 정재영, 정려원
- 정보: 한 사람은 빚 때문에, 또 한 사람은 왕따 때문에 그들만의 세계에서 표류하는 이야기를 담고 있는 영화
- 감상: 소통하고 싶어 하는 사람들의 이야기
  여자 주인공의 심리 변화에 따른 조명의 변화는 아름답고 포근함

2. 영화 감상의 글 쓰기를 하려고 합니다. 영화를 본 후 여러분의 감상을 메모해 보십시오.

제목	
감독	
출연	
정보	
감상	

3. 영화 감상의 글을 완성해 보십시오.

생각 넓히기

여러분이 감상한 영화의 포스터를 새로 제작한다면 영화 포스터에 어떤 장면과 문구를 넣으면 좋을 것 같습니까? 여러분의 생각을 이야기해 보십시오.

부록

- 정답
- 찾아보기

정답

제1과 현대인과 생활

읽기 현대인의 정신 건강

어휘 익히기

1. (2) ① 질환 ② 압박감 ③ 분노 ④ 의욕 ⑤ 갈등 ⑥ 강박 ⑦ 증후군 ⑧ 양심

2. (1) 완벽해서/완벽하다고 (2) 완치될 (3) 파묻히면 (4) 멍하게 (5) 뒤처지다가 (6) 꺼리는 (7) 사로잡히면 (8) 무기력할

문법 익히기 –(으)ㄴ/는 탓에

(1) 폭우가 쏟아진 탓에 야외 축구 경기가 취소되었다.
(2) 동생은 시력이 나쁜 탓에 안경이나 렌즈를 껴야 한다.
(3) 회사에서 중요한 전화가 온 탓에 영화를 보다가 중간에 나왔다.
(4) 백화점에 갈 때마다 충동구매를 한 탓에 용돈이 금방 바닥났다.
(5) 외국인 관광객은 서울 지리를 잘 모르는 탓에 택시를 이용하는 경우가 많다.

전략 익히기 제목 보고 글의 내용 예측하기

제목	예측 내용
품사를 나누는 기준 • 형태의 변화 • 문장 속 기능 • 단어의 의미	품사는 형태가 변하는지, 문장 속에서 어떤 기능을 하는지, 단어의 의미가 무엇인지에 따라 나눌 수 있다.

읽기 현대인의 정신 건강에 대한 글 읽기

2. (1) ③ (2) ② (3) ③ (4) ①

쓰기 수면의 효과

어휘 익히기

1. (1) 코를 골기 (2) 숙면을 취하는 (3) 잠을 설치는 (4) 잠을 청하려고 (5) 악몽에 시달린다고
   (6) 잠꼬대를 하는

2. (1) 능률 (2) 방지하려면 (3) 재생 (4) 치유 (5) 분비되는 (6) 집중력

문법 익히기

–듯이

(1) 인간관계의 기본이 믿음이듯이 기업 간에도 신뢰가 중요하다.
(2) 물고기가 물을 떠나 살 수 없듯이 인간도 공동체를 떠나 혼자서는 살 수 없다.
(3) '세 살 버릇 여든까지 간다'는 말이 있듯이 어릴 때 어떤 습관을 기르느냐가 무엇보다 중요하다.
(4) 사람이 나이가 들면 신체의 기능이 떨어지듯이 기계도 오래되면 고장이 난다.
(5) 베스트셀러가 좋은 책을 의미하는 것은 아니듯이 흥행에 성공한 영화가 반드시 좋은 영화라고는 할 수 없다.

전략 익히기

문어적인 표현으로 쓰기

연습 1. 예시

겨울철 전력 사용량 여름과 비교해 보면 겨울이 더 많다. 겨울 길고 춥기 때문에 겨울철 전력 사용량
→ 사용량을 → 겨울이
이 여름에 비해 20%나 증가하는 거예요. 시간대별로 살펴보면 겨울철에는 하루 중 오전 10시부터 12시
→ 것이다
까지하고 저녁 5시부터 7시까지 전력 사용량이 가장 많습니다.
→ 와 → 많다

연습 2. 예시

실내 디자인을 할 때는 색을 적절하게 사용하는 거 되게 중요하다. 색은 공간의 크기하고 형태를 달
것이 ← → 아주/매우 → 와
라 보이게 하고, 색 적절히 선택하면 좁은 공간이 무지 넓어 보이게 할 수 있습니다. 그리고 색은 그 안
→ 색을 → 매우 → 있다
에서 생활하는 사람들한테도 영향을 줘서 우리의 기분 변화시키거나 일의 능률을 조절할 수 있지요.
→ 에게도 → 기분을 → 있다

연습 3. 예시

학습을 돕기 위해 내용을 만화로 쉽게 풀어 설명한 학습 만화는 초등학생들한테 학습의 흥미를 높
→ 초등학생에게
이고 책 읽기 즐거움을 경험하게 하는 데 엄청 도움이 될 수 있다. 학습 만화 선택할 때 아이더러 선택
→ 책 읽기의 → 매우 → 학습 만화를 → 아이에게
을 맡기는 건 좋지 않아요. 학부모께서 아이의 수준이랑 취향을 생각하며 책을 고르셔야 한다. 그리고
→ 것은 → 않다 → 학부모가 → 수준과 → 골라야
만화 속 그림이나 대화에 학습에 필요한 정보 잘 들어 있는지 확인하는 것도 중요합니다.
→ 정보가 → 중요하다

쓰기

수면의 효과에 대한 글 쓰기

3. 예시

수면의 효과

성인의 경우 잠을 자는 동안 평균 90분 주기로 렘수면과 논렘수면을 반복한다. 렘수면은 자고 있더라도 뇌가 활동하는 수면 상태이고 논렘수면은 뇌가 활동을 줄이고 휴식을 취하는 수면 상태이다. 잠을 잘 자면 렘수면과 논렘수면을 거치면서 다음과 같은 수면의 효과를 경험할 수 있다.

렘수면 상태에서 뇌는 활발하게 움직이는데 이때 과거의 기억이 정리, 분류, 삭제된다. 휴지통을 비우듯이 불필요한 과거의 기억이 없어지므로 숙면을 취하면 기억력이 좋아지고 집중력이 높아져서 학업의 능률도 오르게 된다. 불필요한 기억이 삭제되면서 불안하고 불안한 감정도 사라져 자고 일어나면 평안함과 상쾌함을 느끼게 된다. 또한 논렘수면 상태에서 뇌는 활동을 줄이고 깊은 휴식에 들어간다. 이때 낮 동안에 쌓인 피로 물질이 분해되어 피로가 풀리고 몸이 회복된다. 특히 성장 호르몬이 분비되어 몸의 치유와 재생 그리고 성장이 촉진된다. 그래서 아이들의 키가 자라게 하고 어른들에게는 노화를 방지하는 효과가 있다.

수면은 단순히 쉬는 것이 아니고 몸과 정신을 회복시키는 과정이다. 깊고 편안한 잠을 자지 않으면 결코 건강한 삶을 살 수 없다. 숙면이야말로 건강한 삶을 위해 꼭 필요한 건강 비법이라고 할 수 있을 것이다.

제2과 직업과 적성

읽기 직업의 의미와 가치

어휘 익히기

1. (2) ① 진로 ② 생계 유지 ③ 적성 ④ 종사하다 ⑤ 보람 있다 ⑥ 성취감 ⑦ 목적의식 ⑧ 자아실현

2. (1) 발휘하기 (2) 간주하겠다/간주할 것이다 (3) 해석하고 (4)존재한다는 (5) 참여하는/참여할 수 있는 (6) 좌우된다고/좌우되기도 (7) 인식하지 (8) 창간한

문법 익히기 –(으)므로

(1) 인간은 사회적 동물이므로 사회를 떠나서는 인간답게 살 수 없다.
(2) 어린이나 노인은 면역력이 약하므로 사람들이 많이 모이는 장소는 피해야 한다.
(3) 이 지역은 수돗물이 깨끗하지 않으므로 생수를 사서 마셔야 한다.
(4) 그는 한국 사람이지만 외국에서 자랐으므로 한국말을 잘 못한다.
(5) 여름철에는 자외선으로 피부가 손상될 수 있으므로 자외선 차단제를 발라야 한다.

전략 익히기 주제문 찾기

연습 1. 창조적인 상상력은 예술 활동에 큰 영향을 끼친다.

연습 2. 발표자는 청중의 흥미와 관심을 끌며 발표해야 한다.

연습 3. 사람은 누구나 언어를 통해 세계와 만나고 사회화된다.

읽기 직업의 의미와 가치에 대한 글 읽기

1. ② **2.** ③ **3.** ② **4.** ③
5. 직업에 대한 확고한 신념을 가지고, 그 직업을 통해 성취감과 보람을 느끼는 것이 무엇보다 중요하다.

쓰기 미래의 유망 직업

어휘 익히기

1. (1) 채용 (2) 생업 (3) 전문직 (4) 이직 (5) 직종 (6) 일자리

2. (1) 애국가 (2) 풍경화 (3) 한복감 (4) 수원성 (5) 소설책 (6) 태양력

문법 익히기 –기 마련이다

(1) 정이 들기 마련이다
(2) 어휘력이 향상되기 마련이다
(3) 언젠가는 들통이 나기 마련이다
(4) 소화가 잘 안 되기 마련이다
(5) 평생 기억에 남기 마련이다

전략 익히기 호응에 맞게 쓰기

연습 1. 예시

올겨울 전세계적으로 추운 날씨가 계속되고 있다. 문제는 이러한 기상 이변이 지속적으로 더욱 심해지고 있다(→ 있다는 것이다). 어제 서울에는 폭설과 바람이 불었다(→ 폭설이 내리고 바람이 불었다). 또 일 년 내내 따뜻했던 아프리카의 사하라 사막에도 눈이 내렸다고 한다. 이러한 기상 이변이 나타나는 것은 지구온난화이다(→ 때문이다).

연습 2. 예시

이 영화는 주인공 역을 맡은 배우가 연기를 어찌나 잘해서(→ 잘하는지) 영화의 재미를 한층 높여준다. 이 배우는 평범한 대사들도 여간 생생하게 표현한다(→ 표현하지 않는다). 아마 이 배우의 뛰어난 연기가 없었더라면 영화는 지금처럼 완성도를 갖추지 못했다(→ 못했을 것이다).

연습 3. 예시

단백질은 우리 몸을 만드는 중요한 성분이다. 근육이나 뼈, 피부 등이 주로 단백질로 이루고 있다. 그
이루어져 있다.
리고 성장 호르몬의 주성분도 단백질이다. 그래서 단백질을 섭취하지 않으면 아무리 탄수화물이나 지
방을 많이 섭취하지만 자라는 데 한계가 있다. 그러므로 성장기의 어린이들은 단백질이 많은 고기나 달
섭취해도
걀, 우유를 많이 마시는 것이 좋다.
고기나 달걀을 많이 먹고 우유를 많이 마시는

쓰기

미래의 유망 직업에 대한 글 쓰기

3. 예시

10년 후에는 어떤 직업이 유망할까?

스마트폰이 보편화되면서 전화 교환원이 사라지고 대신 앱 개발자라는 새로운 직업이 생기게 되었다. 이렇게 시대의 변화에 따라 없어지는 직업이 있는가 하면 새롭게 생기는 직업도 있기 마련이다. 그럼 10년 후 유망한 직업으로는 어떤 것이 있을까?

현대인은 날마다 쏟아지는 어마어마한 정보 속에서 살고 있다. 그래서 나는 정보를 다루는 직종이 주목을 받을 것이라고 생각한다. 정보를 다루는 직업 중 최근 새로 생긴 것으로 정보 보안 전문가가 있다. 정보 보안 전문가는 주기적인 모니터링을 통해 정보를 관리하고, 보호한다. 그리고 해커가 침입하는 것을 방지하기 위한 대비책을 마련하고, 각종 바이러스에 대비해 백신 프로그램을 개발한다. 사회가 정보화될수록 정보 보안 전문가에 대한 수요는 더욱 많아질 것이다. 왜냐하면 개인의 정보에 대한 노출이 더 심해지고 이를 악용하는 사람들이 늘어날 수 있어, 정보 보호에 대한 중요성이 높아질 것이기 때문이다.

이 밖에도 환경 문제나 유기농 농사, 컴퓨터 코딩 등과 같은 분야가 미래에 각광받을 것으로 예상된다. 따라서 진로를 선택할 때 적성뿐 아니라 앞으로의 전망도 살펴보면서 미래 사회에서 경쟁력 있는 직업이 무엇일지 찾아보고 준비하는 것이 좋겠다.

제3과 생활의 변화

읽기 온돌의 과학성

어휘 익히기

1. (2) ① 열기 ② 저장하다 ③ 데우다 ④ 방출되다 ⑤ 성능 ⑥ 효율적이다 ⑦ 경제적이다 ⑧ 주거 문화

2. (1) ② (2) ② (3) ① (4) ① (5)② (6) ② (7) ① (8) ①

문법 익히기 — 에도 불구하고

(1) 비가 쏟아짐에도 불구하고
(2) 경제 사정이 나쁨에도 불구하고
(3) 연습을 많이 했음에도 불구하고
(4) 교통이 불편함에도 불구하고
(5) 사과 글을 올렸음에도 불구하고

전략 익히기 — 의미 단위로 끊어 읽기

연습 1. ① **연습 2.** ④ **연습 3.** ③

읽기 — 온돌의 과학성에 대한 글 읽기

1. 전도, 복사, 대류 **2.** ② **3.** ③ **4.** ① **5.** ②

쓰기 사물의 변천

어휘 익히기

1. (1) 개혁하려는 (2) 획기적 (3) 확대하겠다고 (4) 질적 (5) 단계적 (6) 대중화하는

2. (1) 뾰족하게 (2) 구슬 (3) 날카로워서 (4) 급속하게 (5) 미묘한 (6) 갑작스러운

문법 익히기

–(으)나

(1) 유학 생활이 쉽지만은 않으나 그만큼 성취감을 많이 느낀다.
(2) 최선을 다해 경기를 준비했으나 결국 상대 팀에 지고 말았다.
(3) 그 나라는 경제력은 높은 편이나 국민들의 삶의 만족도는 낮다.
(4) 외모는 아버지와 비슷한 점이 많으나 성격은 어머니를 닮았다.
(5) 정부에서 대중교통 이용을 권장하나 자가용 이용자 수는 줄지 않고 있다.

전략 익히기

시간적 순서의 글 쓰기

연습 1. 예시

1770년대, 영국에서는 직사각형 모양의 피아노가 인기를 끌었다. 그러다가 1788년에는 **드디어** 건반 수가 늘어나 더욱 풍성한 음을 낼 수 있는 그랜드 피아노의 **생산이 시작되었다**. 그 전까지만 해도 피아노의 현을 수평으로 제작했던 것과 달리, 1811년에 현을 수직으로 제작하여 공간을 적게 차지하는 피아노가 제작되면서, 이후 피아노는 점점 더 많이 보급될 수 있었다.

연습 2. 예시

1936년, 영국에서 컴퓨터의 원형인 암호 해독 기계가 처음 만들어졌다. 그로부터 10년이 지난 1946년에 미국에서 프로그래밍이 가능한 최초의 컴퓨터가 개발되었다. 그리고 1970년대 말부터 개인용 컴퓨터가 보편화되기 시작했다. 요즘은 노트북이나 태블릿도 많이 사용되고, **앞으로도** 컴퓨터는 계속해서 **진화해 갈 것이다**.

쓰기

사물의 변천에 대한 글 쓰기

3. 예시

사물의 변천

우리는 일상생활에서 종이, 펜, 휴대 전화, 컴퓨터 등 다양한 사물을 접한다. 우리의 생활에서 빠질 수 없는 사물들은 과연 어떤 과정을 거쳐 지금의 모습을 갖추게 되었을까?

펜(pen)이라는 단어는 깃털을 뜻하는 라틴어 페나(penna)에서 유래했다. 중세에 깃털의 줄기 끝을 뾰족하게 하고 잉크를 찍어서 필기를 했는데, 이 깃털 펜은 수명이 짧다는 단점이 있었다. 이후 깃털 펜은 딥 펜(dip pen)으로 발전되었다. 19세기 초에 등장한 딥 펜은 이름 그대로 글씨를 쓸 때마다 펜 끝을 잉크통에 담가서 사용하는 것이었다. 펜 끝이 철로 만들어져 깃털 펜보다는 오래 쓸 수 있었으나 매번 잉크를 찍어 써야 해서 불편했다.

19세기 후반, 드디어 펜 안에 잉크가 들어 있는 만년필이 생산되었다. 그런데 만년필은 잉크를 자주 보충해야 했고 날카로워서 종이가 찢어지기 일쑤였다. 그러다가 20세기 초, 끝에 회전하는 구슬이 달린 볼펜이 발명되었다. 볼펜은 수시로 잉크를 보충할 필요도 없었고, 만년필에 비해 훨씬 매끄럽게 필기를 할 수 있었다. 그래서 이후 볼펜은 대중적으로 큰 인기를 얻었고, 지금까지도 대표적인 필기도구로 사용되고 있다.

이렇게 사물은 시간의 흐름에 따라 여러 과정을 거치면서 계속해서 발전해 왔다. 그리고 앞으로도 점점 더 편리하게 개선되어 갈 것이다.

제4과 예술의 이해

읽기 예술의 기원

어휘 익히기

1. (2) ① 향유하다 ② 걸작 ③ 시각적이다 ④ 감동 ⑤ 조각하다 ⑥ 창조하다 ⑦ 미의식 ⑧ 감성

2. (1) 본능 (2) 기원합니다 (3) 정의하기는 (4) 주술 (5) 의식 (6) 가설 (7) 모방할 (8) 일어났는지

문법 익히기 –도록

(1) 밤늦도록 (2) 나도록 (3) 죽도록 (4) 넘도록 (5) 새도록

전략 익히기 문맥에서 어휘 의미 추측하기

연습 1. 뛰어넘다 – 벗어나다 – 일정한 범위나 표준에서 벗어나다

연습 2. 무시하다 – 존경하지 않다 – 사람을 깔보거나 업신여기다

연습 3. 침체되다 – 활발하지 않다 – 어떤 현상이나 사물이 진전하지 못하고 제자리에 머무르게 되다

두드러지다 – 강하게 나타나다 – 겉으로 뚜렷하게 드러나다

읽기 | 예술의 기원에 대한 글 읽기

1. ① ㈏ ② ㈎ ③ ㈑ ④ ㈐ **2.** ② **3.** ②

4. 유희 - 즐기다 - 즐겁게 놀며 장난함. 또는 그런 행위
흉내 내다 - 모방하다 - 남이 하는 말이나 행동을 그대로 옮기다

쓰기 종합 예술

어휘 익히기

1. (1) 반주 (2) 무대 예술 (3) 음악극 (4) 대사 (5) 관현악 (6) 독창

2. (1) 혼합하면 (2) 웅장한 (3) 물리적 (4) 전달했다 (5) 배역 (6) 고수

문법 익히기 | -(으)며

(1) 참석했으며 (2) 편리하며 (3) 깨끗하며 (4) 설립되었으며 (5) 나타나며

전략 익히기 | 비교·대조의 글 쓰기

연습 1. 예시

시와 소설은 언어로 작가의 감정이나 생각을 표현한 **글이라는 점에서 유사하다.** 그렇지만 사용하는 **언어에는 차이가 있다.** 시의 경우에는 함축적이고 운율적인 언어를 사용한다. **시와 달리** 소설은 운율 등의 형식에 얽매이지 않고 자유로운 문장으로 **쓴다는 점에서 다르다.**

연습 2. 예시

캐스터네츠와 심벌즈는 모두 두드려서 소리를 내는 **타악기라는 점에서 유사하다.** 그러나 그 재료와 연주 방법에 있어서는 차이를 보인다. 캐스터네츠는 나무나 상아로 **만들어진 데 반해** 심벌즈는 금속으로 만들어졌다. 캐스터네츠와 심벌즈는 두 개의 판으로 만들어져 있는데, 캐스터네츠는 한 손으로 두 개의 판을 맞부딪혀 소리를 낸다. **이와 달리** 심벌스는 양손으로 두 개의 판을 맞부딪혀 소리를 **낸다는 점에서 차이가 있다.**

쓰기 종합 예술에 대한 글 쓰기

3. 예시

종합 예술

종합 예술은 음악, 문학, 무용 등 여러 분야의 예술을 혼합해서 만든 하나의 통합적인 예술을 말한다. 종합 예술의 유형은 매우 다양하다. 이들은 종합 예술로서 공통적인 점도 있으나 또 여러 면에서 차이점을 지니고 있다.

오페라와 판소리는 모두 이야기를 음악으로 표현한다는 점에서 공통적이다. 오페라의 경우 대사가 모두 노래로 되어 있으며 오케스트라가 분위기에 맞게 배경 음악을 연주해 준다. 오페라와 마찬가지로 판소리도 이야기의 내용을 거의 노래로 전달한다. 이때 북을 치는 고수가 이야기의 흐름에 맞게 장단을 맞추고 추임새를 넣어 이야기에 재미를 더하게 된다.

오페라와 판소리는 음악극이라는 점에서 유사하지만 화려한 무대에서 웅장한 관현악 음악을 배경으로 공연을 하는 오페라와 달리 판소리는 간단한 소품만을 사용하며 북소리에 맞춰 공연을 한다는 점에서 차이가 있다. 또한 오페라는 여러 명의 배우가 공연을 하는 반면에 판소리는 한 명의 배우가 공연을 한다는 점에서도 다르다. 오페라의 배우들은 자신의 배역에 따라 노래를 부르며 연기를 한다. 그러나 판소리는 한 명의 배우가 역할을 바꿔 가며 노래도 부르고 대사도 하면서 연기를 하는 것이다.

지금까지 살펴본 바와 같이 이들은 종합 예술로서 공통점을 보인다. 하지만 그것이 형성된 사회문화적 배경에 따라 여러 면에서 서로 다른 모습으로 발전되어 각각 독특한 특성을 가지게 되었다.

제5과 자연의 신비

읽기 식물의 번식

어휘 익히기

1. (2) ① 양분 ② 씨앗 ③ 가시 ④ 곤충 ⑤ 나뭇가지 ⑥ 꽃가루 ⑦ 뿌리 ⑧ 열매

2. (1) 알아보았다 (2) 가려서 (3) 유인해 (4) 날려 (5) 운반하기 (6) 퍼뜨려 (7) 썩어 (8) 풍기는

문법 익히기

–다고 해서

(1) 젊다고 해서 (2) 나쁘다고 해서 (3) 경험했다고 해서 (4) 땄다고 해서 (5) 갖추었다고 해서

전략 익히기

필요한 세부 정보 파악하기

연습 1. 예시

집중이 잘 되게 하려면 공부방은 어떻게 만들어야 할까? 책상 주변을 깨끗하게 정리하는 것이 좋다. ①책상 위에 사진 혹은 기념품이 있거나 물건이 많으면 집중하기 어렵다. 전등, 책, 필기도구 외에 주의를 분산시킬 만한 물건은 없애야 한다. ②의자도 너무 딱딱하지도 푹신하지도 않은 것이 좋다. 20분에서 30분 정도 앉아 불편 없이 공부할 수 있는 것이어야 한다.

연습 2. 예시

자연과학은 보통 어떻게 분류될까? ①가장 보편적인 분류는 물리학, 화학, 생물학, 지구과학, 천문학으로 나누는 것이다. 이 학문들은 각각 다루는 대상이 다르다. 물리학은 운동을 일으키는 힘, 에너지를 다루며, ②화학은 물질의 성질과 구성, 변화를 다룬다. 생물학은 생물의 구조, 진화를, 지구과학은 기상, 지질 등을 다룬다. 천문학에서는 태양, 달, 별의 운동을 연구한다.

연습 3. 예시

사람들이 과학적 근거 없이 믿는 것 중의 하나는 달이 커지고 작아지는 달의 주기 변화가 사람의 감정에 영향을 준다는 것이다. 이에 대한 그럴듯한 과학적인 설명도 있다. 보름달이 되면 달의 끌어당기는 힘인 인력이 가장 커져 밀물과 썰물에 영향을 준다. 또 ①사람의 호르몬 변화에도 영향을 준다. 그래서 심하면 공격적인 성향으로 변한다는 것이다. 하지만 미국의 한 천문학자가 이러한 주장에 과학적인 근거가 없음을 밝혔다. ②이 과학자는 1971년부터 1981년까지 미국 대도시에서 일어난 살인 사건을 조사했다. 그 결과 10년 동안 수천 건의 살인 사건이 발생했지만 보름달이었을 때 특별히 더 많이 발생하지는 않았음을 밝혀냈다.

읽기

식물의 번식에 대한 글 읽기

1. ③ **2.** ① **3.** ② **4.** ①

5.

① 충매화의 향기가 진한 이유

다른 나무들에 가려 꽃이 잘 보이지 않더라도 강한 향기를 멀리까지 피뜨려 곤충들이 쉽게 꽃을 찾을 수 있게 하기 위해서입니다.

② 벌과 나비에 의해 수분되는 꽃의 색깔과 그 이유

노란색과 푸른색 꽃이 가장 많습니다. 벌과 나비가 잘 볼 수 있기 때문입니다.

쓰기 동물의 의사소통

어휘 익히기

1. (1) 위험을 감지하고 (2) 꼬리를 흔들거나 (3) 신호를 보냈기 때문에 (4) 원을 그리며 (5) 냄새를 맡는 (6) 무리를 지어

2. (1) 배출되는 (2) 전유물 (3) 도는 (4) 발산되는 (5) 경계 (6) 정찰하는

문법 익히기

–(으)ㄴ/는/(으)ㄹ 만큼

(1) 우승할 만큼 (2) 일한 만큼 (3) 알아듣지 못할 만큼 / 못 알아들을 만큼
(4) 기다리신 만큼 (5) 안 보일 만큼 / 보이지 않을 만큼

전략 익히기

예시의 글 쓰기

연습 1. 예시

물속 생물들은 수질에 따라 사는 곳이 다르다. 따라서 물속에 사는 생물을 보면 물속의 환경과 물의 맑고 건강한 정도를 알 수 있다. **예컨대 산천어와 실지렁이가 있다.** 산천어는 가장 맑고 깨끗한 물에서만 살 수 있다. 따라서 산천어가 살고 있는 물은 그냥 마실 수 있을 정도로 깨끗한 물이다. 한편 실지렁이는 오염된 물에서 산다. 그러므로 실지렁이가 있는 물은 마실 수 없으며 공업용으로만 사용할 수 있다.

연습 2. 예시

오늘날의 국제적 교류 양상을 보면 공식적 외교뿐만 아니라 민간 차원의 국제적 교류와 협력이 활성화되고 있다. **예를 들어**, 문화 외교라 할 수 있는 한국 드라마, 영화, K-pop 등은 다른 나라에 한국의 문화를 알리고 친숙한 이미지를 만드는 데 중요한 역할을 하고 있다. 또한 세계 곳곳에서 봉사 활동을 하는 사람들은 현지 주민의 생활 수준을 향상시키고 한국의 국제적 위상을 높이는 데 기여하고 있다.

쓰기

동물의 의사소통에 대한 글 쓰기

3. 예시

동물의 의사소통

의사소통은 인간만의 전유물이 아니다. 동물들도 다양한 방법으로 의사소통을 한다. 동물들도 발달된 기억력을 가지고 있으며 문제를 해결하고 높은 수준의 의사소통을 할 줄 안다. 그럼 지금부터 똑똑한 동물들을 살펴보도록 하자.

먼저 그 예로 꿀벌을 들 수 있다. 꿀벌은 특별한 춤을 추어 꿀이 있는 곳을 동료에게 알린다. 꿀이 있는 곳을 발견하고 돌아온 꿀벌은 벌집 위에서 원형춤이나 8자춤을 춘다. 원형춤은 먹이가 벌집에서 가까이 있을 때 추는 춤으로, 한 번은 시계 방향으로, 또 한 번은 시계 반대 방향으로 원을 그리며 돈다. 8자춤은 꿀이 벌집에서 멀리 있을 때 추는 춤으로, 춤의 중심선과 태양의 각도로 꿀이 있는 방향을 알려 준다.

또 다른 예로는 개미를 들 수 있다. 개미는 페로몬(pheromone)이라는 화학 물질로 의사소통을 하는데, 이 페로몬은 몸 밖으로 배출되어 강력한 작용을 한다. 개미가 만드는 페로몬의 종류는 무척 다양하다. 정찰하던 개미가 적을 만났을 때는 즉시 이를 알리는 경보 페로몬(alarm pheromone)이 발산된다. 그러면 페로몬은 멀리 떨어져 있던 개미도 바로 주변을 경계할 만큼 빠른 속도로 퍼진다. 또한 먹이로부터 집까지 자기가 지나간 길을 기억하거나 다른 동료들에게 알리기 위하여 냄새길 페로몬(trail pheromone)을 낸다.

이렇듯 동물들도 예민한 감각을 이용해 환경을 인식하고 그들만의 신호로 정보를 주고받으며 의사소통하면서 사회를 형성하고 살아간다.

제6과 지형과 산업

읽기 한국의 지형

어휘 익히기

1. (2) ① 평탄하다 ② 변동되다 ③ 하류 ④ 풍화 ⑤ 수심 ⑥ 지각 ⑦ 산지 ⑧ 침식되다

2. (1) 빼어난 (2) 단조로운 (3) 뼈대 (4) 경사 (5) 완만해서 (6) 험준한 (7) 밀물 (8) 갯벌

문법 익히기 –아/어 내다

(1) 밝혀 내려고 (2) 생각해 냈거든요 (3) 견뎌 냈다고 (4) 이겨 낸 (5) 그려 내서

전략 익히기 내용적 흐름 파악하기

연습 1. B **연습 2.** C **연습 3.** B

읽기 한국의 지형에 대한 글 읽기

1. ② **2.** ② **3.** ② **4.** ③ **5.** ③

쓰기 산업의 발달

어휘 익히기

1. (1) 자본금 (2) 관광업 (3) 건설업 (4) 제조업 (5) 업종 (6) 근로자

2. (1) 우거지고 (2) 생산지 (3) 몰려들어 (4) 원동력 (5) 아우르는 (6) 노동력

문법 익히기 –자

(1) 오케스트라가 무대에 오르자
(2) 무섭게 내리던 비가 그치자
(3) 할머니 댁 대문을 열자
(4) 회의가 끝나자

(5) 면접관이 지원 동기를 묻자

전략 익히기

원인·결과의 글 쓰기

연습 1. 예시

사막화란 사막 주변이나 초원 지대가 점점 사막으로 변해 가는 현상을 가리킨다. 지구의 급속한 **사막화는** 장기간 지속된 극심한 **가뭄으로 인한 것이다.** 그뿐만 아니라 과도한 벌목과 환경오염으로 숲이 **파괴된 결과,** 지구의 사막화가 빠른 속도로 **진행되게 되었다.**

연습 2. 예시

현대인의 평균 수명은 80세를 넘어서지만 조선 시대 왕들의 평균 수명은 겨우 46세에 불과했다. 이렇게 조선 시대 왕들의 수명이 **짧은 것은** 영양 섭취량에 비해 운동량이 **부족했기 때문이다.** 그리고 이들이 일찍 세상을 **떠난 원인은** 당시 의학 기술의 **한계에서도 찾을 수 있다.**

쓰기

산업의 발달에 대한 글 쓰기

3. 예시

산업의 발달

한 지역에서 어떤 산업이 발달하는지는 그 지역의 지리적 환경과 밀접한 관련이 있다. 예를 들어 바다로 둘러싸인 섬에서는 수자원을 활용하여 어업이 발달하기 쉽고, 숲이 우거진 산지에서는 자연스럽게 임업이 발달할 수 있다.

한국의 경우, 전라남도와 전라북도를 아우르는 호남 지역은 일찍부터 국내 최대의 쌀 생산지였다. 호남 지역에 농업이 발달한 원인은 지리적 환경에서 찾을 수 있다. 호남 지역은 평야가 넓고 기름질 뿐 아니라 기후가 온화하고 강수량이 풍부해서 농사를 짓기에 매우 유리한 조건을 갖추고 있다. 이러한 지리적 환경을 바탕으로 호남 지역에서는 벼 외에도 보리, 인삼, 고추, 녹차, 배 등 다양한 농산물이 생산되고 있다.

강원도를 이르는 관동 지역은 전체 면적의 약 80%가 산지이며, 해안선을 따라 동해와 맞닿아 있다. 관동 지역의 빼어난 자연 경치는 관광업 발달의 원동력이 되었다. 설악산 국립공원, 오대산 국립공원, 경포대 해수욕장 등은 한국의 대표적인 관광지이다. 관동 지역은 볼거리 외에 강릉 커피 축제, 화천 산천어 축제, 정동진 해돋이 축제 등 즐길거리도 풍부하다. 또한 산지가 많고 겨울에 눈이 많이 내리는 지리적 환경을 활용하여 스키장들이 개발되자 관동 지역에는 일 년 내내 관광객이 몰려들고 있다.

이와 같이 한 지역의 산업은 그 지역의 지리적 환경을 활용해서 발달한다. 따라서 각 지역의 특성을 파악하는 것을 통해 왜 지역마다 서로 다른 산업이 발달하게 되었는지 이해할 수 있다.

제7과 방송의 세계

읽기 1인 방송

어휘 익히기

1. (2) ① 결방되다 ② 진행하다 ③ 편성하다 ④ 제작하다 ⑤ 촬영하다 ⑥ 생방송 ⑦ 편집하다 ⑧ 중계하다

2. (1) 뒷받침되어야 (2) 유통되고 (3) 실시간 (4) 무단 (5) 올리는 (6) 일컬어 (7) 기반 (8) 초상권

문법 익히기

–(으)ㄹ 뿐이다

(1) 바랄 뿐이지 (2) 먹었을 뿐인데 (3) 안타까울 뿐이야 (4) 다를 뿐이지요 (5) 다했을 뿐인데요

전략 익히기

글쓴이의 의도 파악하기

연습 1.

☑ 채식은 건강에 좋지 않다.
☐ 채식주의자들은 콩으로 단백질을 보충할 수 있다.

연습 2.

☐ 로봇이 인간의 역할을 대신하는 것은 위험하다.
☑ 로봇은 우리의 삶을 편리하고 풍요롭게 해 준다.

연습 3.

☐ 운동이 부족할 때 러닝머신에서 걷는 것이 도움이 된다.
☑ 어디를 갈 때 자동차를 이용하는 것보다 길을 걷는 것이 좋다.

읽기

1인 방송에 대한 글 읽기

1. ② **2.** ③ **3.** ③ **4.** ① **5.** ①

쓰기 다큐멘터리의 종류

어휘 익히기

1. (1) 입장을 밝히는 (2) 방송에 나왔다 (3) 사실이 왜곡되지 (4) 문제점을 지적하고
(5) 사건을 취재하면서/취재해서 (6) 역점을 두고

2. (1) 모았다 (2) 위안 (3) 얻었다 (4) 감동했다 (5) 확장 (6) 담기

문법 익히기

-되

(1) 밖에 나가서 놀되 밤 10시까지는 들어와야 한다.
(2) 컴퓨터를 새로 장만하되 가격이 저렴한 걸로 구입하기로 했다.
(3) 책상 위에 있는 물건을 쓰되 다 쓴 후에는 제자리에 갖다 놓아야 한다.
(4) 그 사람들에게 결정할 수 있는 권한을 주되 일이 잘못됐을 경우 그에 대한 책임도 물어야 한다.
(5) 냉장고에 있는 음식은 마음대로 먹되 먹은 후 뒷정리는 깔끔하게 해 달라고 했다.

전략 익히기

분류의 글 쓰기

연습 1. 예시

대학교를 누가 설립했는지 그 **주체에 따라** 국공립대학교와 사립대학교, **두 가지로 분류된다.** 국공립대학교는 정부나 지방자치단체가 설립하고 운영하는 대학교를 말한다. 여기에 속하는 곳에는 서울대학교, 경북대학교, 서울시립대학교 등이 있다. 사립대학교는 정부나 지방자치단체가 아니라 개인 또는 법인이 설립한 대학교를 말한다. 여기에 속하는 곳에는 이화여자대학교, 연세대학교 등이 있다.

연습 2. 예시

그림은 무엇을 그리는지, 즉 그림으로 표현하는 **대상에 따라 세 가지로 나뉜다**. 첫째, 풍경화는 산, 계곡, 숲, 나무, 강 등과 같은 자연 풍경을 그린 그림을 말한다. 둘째, 정물화는 과일, 꽃, 도자기 등과 같이 움직이지 않는 물건을 보고 그린 그림을 말한다. 셋째, 인물화는 사람을 대상으로 그린 그림을 말한다. 여기에 속하는 것으로는 자기 얼굴을 그리는 자화상, 두 사람 이상을 그리는 군상화, 특정한 사람의 얼굴을 표현하는 초상화 등이 있다.

쓰기

다큐멘터리의 종류에 대한 글 쓰기

1. (1) ② (2) ① (3) ③

3. 예시

다큐멘터리의 종류

다큐멘터리를 분류하는 기준은 다양하다. 다큐멘터리를 역사적인 발전에 따라 나누기도 하고 방송 매체, 방송 내용에 따라 나누기도 한다. 가장 일반적인 분류가 방송 내용에 따라 나누는 것인데 그에 따른 분류는 다음과 같다.

첫째, 시사 다큐멘터리이다. 시사 다큐멘터리는 다큐멘터리의 대표적인 유형으로, 하나의 사건이나 문제에 대해 배경, 원인, 의미 등을 분석, 평가하는 것이다. 뉴스에서 전달하는 사건에 대해 더 깊이 있는 내용을 알고 싶어 하는 요구들이 커지자 사건의 배경, 원인 등을 밝히는 시사 다큐멘터리가 제작되기 시작했다. 이러한 요구로 한동안 관심을 모았으나 정치적 사건을 다룰 경우 사건에 따라 시청률의 차이가 컸다. 그래서 최근에는 시사 문제를 다루되 하나의 다큐멘터리 안에서 몇 개의 주제를 다루는 형식으로 제작되기도 한다.

둘째, 사람에 관한 이야기를 주제로 하는 휴먼 다큐멘터리이다. 이 다큐멘터리에서는 흔히 만날 수 있는 보통 사람들의 일상생활을 보여 준다. 시청자들은 다른 사람의 이야기를 보면서 자신을 돌아보기도 하고, 공감하기도 하면서 위안을 느낀다. 그래서 다양한 계층의 시청자들에게 호응을 얻을 수 있다. 또한 이 다큐멘터리는 다른 다큐멘터리에 비해 제작비가 상대적으로 저렴한 편이고 제작 기간도 그다지 길지 않아 방송사들이 이것을 선호하는 편이다.

셋째, 특정한 지역의 자연현상을 보여 주거나 특정한 동물이나 식물의 멸종을 그리는 자연 다큐멘터리이다. 자연 다큐멘터리는 화면에 담으려는 대상에 따라 제작 기간이 오래 걸리기도 하고 비용이 많이 들기도 한다. 시청자들은 이 다큐멘터리를 보면서 몰랐던 자연현상을 알게 되거나 자연을 보호해야겠다는 반성적인 태도를 갖게 된다. 최근에는 자연 다큐멘터리에서 환경오염의 문제점을 제시하고 해결 방안을 모색하는 내용을 다루기도 한다.

지금까지 다큐멘터리의 종류에 대해 살펴보았다. 시청자들의 요구에 따라 새로운 다큐멘터리가 생겨났고 그 형태도 다양하게 변화되어 왔다. 사회가 변화되고 시청자들의 관심이 다양해지면서 다큐멘터리의 변형, 확장은 앞으로도 지속될 것이다.

제8과 인간과 사회

읽기 리더십의 본질

어휘 익히기

1. (2) ① 미래 지향적이다 ② 모범 ③ 도달하다 ④ 추진력 ⑤ 성품 ⑥ 설득하다 ⑦ 포용력 ⑧ 혁신

2. (1) 행사한다 (2) 벗어나기 (3) 용어 (4) 늘어난다 (5) 서적 (6) 정의 (7) 부재하는 (8) 이타적

문법 익히기 –지

(1) 알지 (2) 먹지 (3) 다녔지 (4) 생겼지 (5) 싫어하지

전략 익히기 사실과 의견 구별하기

연습 1.

사실	ⓐ, ⓑ, ⓒ	의견	ⓓ

연습 2.

사실	ⓐ, ⓑ	의견	ⓒ, ⓓ

연습 3.

사실	ⓐ, ⓑ, ⓒ	의견	ⓓ

읽기
리더십의 본질에 대한 글 읽기

1. ① **2.** ③ **3.** ③ **4.** ① **5.** ②

쓰기 사회 복지 제도

어휘 익히기

1. (1) 안정된 (2) 빈곤층 (3) 구호 (4) 구제하는 (5) 복리 (6) 무상

2. (1) 방지하기 (2) 부과된다 (3) 분담하기로 (4) 제정되었다 (5) 납부해야 (6) 중단했던

문법 익히기
-(으)ㄴ/는 가운데

(1) 전국이 대체로 맑은 가운데 제주도는 흐린 날씨를 보일 것으로 전망됐다.
(2) 모든 사람이 슬퍼하는 가운데 장례식이 치러졌다.
(3) 선거가 사흘 앞으로 다가온 가운데 부산이 대통령 후보의 격전지로 꼽히고 있다.
(4) 금융업이 상승 흐름을 주도하는 가운데 주식 시장이 오름세를 보이기 시작했다.
(5) 설 연휴에 고향을 찾는 귀성 차량이 늘고 있는 가운데 정오에 고속도로 정체가 가장 심할 것으로 예상된다.

전략 익히기
인용해서 글 쓰기

연습 1. 예시

통계청에서 1인당 일 평균 물 사용량을 **조사한 결과**, 2011년은 279리터, 2012년은 278리터, 2013년은 282리터, 2014년은 280리터, 2015년은 **282리터였다고 한다**. 2011년부터 2015년까지의 물 사용량을 살펴보면,

물 사용량이 약간 늘었으며 해마다 수치에 큰 차이가 없다는 것을 알 수 있다. 따라서 물 낭비를 막기 위해 실시한 정책은 효과적이지 않았다고 할 수 있다.

연습 2. 예시

Hyland(2004 p. 56)에서는 쓰기 **능력을** '내용, 맥락, 언어 체계, 쓰기 과정, 장르'에 대한 지식으로 구성된 **것이라고 설명했다.** 이 말은 글을 잘 쓰기 위해서는 내용, 맥락, 언어 체계, 쓰기 과정, 장르에 대해 잘 알아야 한다는 것으로 해석할 수 있다. 그러므로 쓰기 능력을 키우기 위해서는 위의 다섯 가지 요인에 대한 지식을 갖춰야겠다.

쓰기

사회 복지 제도에 대한 글 쓰기

3. 예시

우리나라의 사회 복지 제도

사회 복지 제도는 자본주의 사회에서 발생하는 빈부 격차와 빈곤 등을 사회적 차원에서 해결해야 한다는 생각에서 시작되었다. 현대 사회에서는 복지 국가일수록 국민이 기본적인 생활을 해 나갈 수 있도록 여러 가지 제도를 마련해 놓고 있다.

한국의 대표적인 사회 보험 제도로는 건강 보험이 있다. 건강 보험은 평소에 보험료를 내고 필요할 때 의료 서비스를 받도록 하는 제도이다. 이 제도는 질병이나 부상으로 발생한 고액의 진료비가 가계에 과도한 부담이 되는 것을 방지하기 위해 만들어졌다. 1963년 '의료보험법'이 제정되었고, 1977년 500인 이상 근무하는 사업장의 근로자와 그들의 가족을 대상으로 실시되었다. 그리고 1989년 전 국민을 대상으로 한 의료 보장이 실현되었다.

국민건강보험공단 홈페이지에 따르면 건강 보험의 특성에 대해 다음과 같이 정리하고 있다. 건강 보험은 '의무 가입, 능력에 따른 보험료 부과, 균등한 보장'의 세 가지 특성을 가진다는 것이다. 즉, 본인의 의사와 관계없이 건강보험에 가입해야 하며 보험료 납부의 의무가 있다. 보험료는 소득 및 재산 등 각자의 부담 능력에 따라 부과된다. 그리고 납부한 보험료와 관계없이 균등하게 보장이 이루어진다. 건강 보험에 가입하면 아프거나 출산할 때 저렴한 비용으로 의료기관을 이용할 수 있으며, 정기적으로 건강검진을 받을 수 있다.

국가의 적극적인 복지 혜택은 근로 의욕을 줄여 자활 능력을 없애기도 하며, 정부의 재정 부담을 가져오기도 한다. 그러나 문제점이 있다고 해서 복지 정책을 중단할 수는 없다. 따라서 앞으로의 복지 정책은 국민 모두 인간다운 생활을 할 수 있는 조건을 국가가 제공하는 가운데 사회 복지 대상자의 자활 능력을 키우도록 지원하는 방향으로 나아가야 할 것이다.

제9과 경제와 소비

읽기 성공을 위한 경제 원리

어휘 익히기

1. (2) ① 환산하다 ② 성과 ③ 금전적이다 ④ 출시하다 ⑤ 점유율 ⑥ 거래하다 ⑦ 한정되다 ⑧ 투자하다

2. (1) 바탕 (2) 간과하면/간과해서는 (3) 초일류 (4) 명성 (5) 명시적 (6) 손꼽히고 (7) 극대화하기 (8) 향상시키기

문법 익히기 –(으)ㄴ 채(로)

(1) 무시한 채(로) (2) 잡은 채(로) (3) 잊은 채(로) (4) 유지한 채(로) (5) 연 채(로)

전략 익히기 중심 내용 파악하기

연습 1. 예시

혈액은 우리 몸을 구성하고 있는 물질로 체중의 약 8%를 차지한다. 혈액은 혈관을 따라 온몸 구석구석을 도는데, 쉬지 않고 온몸을 돌며 우리 몸에서 어떤 일을 하고 있을까? 먼저 혈액은 호흡으로 우리 몸에 들어온 산소를 온몸에 전달해 준다. 그리고 산소뿐 아니라 단백질, 비타민 등 생존에 꼭 필요한 영양소들을 운반하는 역할도 담당한다. 그래서 우리 몸 곳곳에 있는 세포는 혈액을 통해 필요한 물질을 공급받을 수 있다.

중심 내용	혈액은 우리 몸 곳곳에 산소와 영양소를 운반해 준다.

연습 2. 예시

정말 인간은 빵만으로는 살아갈 수 없다. 하지만 한국인은 밥만으로도 살아갈 수 있는 것이다. 왜냐하면 밥에는 단순히 배만 채우는 물질만 있는 것이 아니라 모락모락 오르는 김처럼 정이 서려 있고 사랑이 배어 있기 때문이다. 더불어 한국인의 정신도 깃들어 있다. 과장이 아니다. 우리나라는 멀리서 손님이 오면 밥을 갓 지어 내놓았다. 반찬의 가짓수는 그다지 중요하지 않다. 모락모락 김이 오르는 갓 지은 더운밥을 한술 뜨는 순간, 손님은 주인의 따뜻한 마음과 두터운 정을 느끼게 된다.

중심 내용	밥에는 물질만 있는 것이 아니라 정과 사랑, 한국인의 정신이 깃들어 있기 때문에 한국인은 밥만으로도 살아갈 수 있다.

연습 3. 예시

리더는 조직이나 단체 등에서 전체를 이끌어 가는 위치에 있는 사람으로, 단체의 구성원과 결정에 대한 책임을 지는 사람이다. 따라서 리더가 어떠한 사람인지에 따라 조직이나 단체의 업무 분위기나 성과가 달라질 수 있다. 리더가 조직이나 단체를 올바른 방향으로 이끌기 위해서 자신의 위치에 맞는 경험과 교육의 기본 자질을 갖추어야 한다. 경험은 예상치 못한 다양한 문제를 해결해 나갈 때 중요하게 작용하며, 교육은 현명한 판단과 의사 결정을 하는 데 필요하다. 또한 조직의 성공은 리더의 창의성에 달려있다고 해도 과언이 아니다. 문제 해결을 위해 리더가 순발력과 창의성을 얼마나, 어떻게 발휘하는지가 매우 중요하기 때문이다.

중심 내용	리더는 조직을 잘 이끌기 위해 경험과 교육의 기본 자질과 창의성을 갖추어야 한다.

읽기

성공을 위한 경제 원리에 대한 글 읽기

1. ③ 현명한 선택을 하려면 기회비용을 간과하면 안 된다.
④ 비용에는 명시적 비용과 기회비용이 있는데 최선의 선택을 위해서는 이 두 비용을 고려해야 한다.

2. ③ **3.** ② **4.** ② **5.** ④, ⑤

쓰기 소비의 미덕

어휘 익히기

1. (1) 부채 (2) 이자 (3) 내수 (4) 불황 (5) 욕구 (6) 경제관념

2. (1) 원활하게 (2) 불어넣어 (3) 돌지 (4) 합리적인 (5) 유입 (6) 선순환

문법 익히기

은/는커녕

(1) 사과하기는커녕 (2) 꺾이기는커녕 (3) 줄기는커녕 (4) 듣기는커녕 (5) 뛰기는커녕

전략 익히기

주장의 글 쓰기

연습 1. 예시

오늘날 공연의 완성도를 높이기 위해 무대 위에서 립싱크를 하는 가수들이 적지 않다. 그러나 가수는 노래를 부르는 사람이다. 가수는 노래 실력으로 대중에게 평가를 받아야 한다. 립싱크는 가수들의 실력 경쟁을 막아서 대중음악의 수준을 떨어뜨리는 결과를 가져올 수 있다. 그러므로 가수들의 노래 실력을 높여 대중음악의 수준을 **높이려면** 립싱크를 **금지하는 것이 바람직하다**.

연습 2. 예시

최근 들어 청소년 범죄 문제가 더욱 심각해지고 있다. 그러나 어려서부터 범죄를 저지르면 어른이 되어서도 범죄를 저지를 가능성이 높다. 청소년들이 범죄를 저질렀을 때 강하게 처벌해야 법이 무서운 것을 알게 되어 범죄의 재발을 막을 수 있다. 따라서 범죄가 재발하지 **않도록** 청소년 범죄에 대한 처벌을 **강화하지 않으면 안 된다**.

3. 예시

소비의 미덕

경기가 어려워지면 사람들은 소비를 줄이고 저축은 늘리려고 한다. 소비를 줄이고 저축을 늘리면 기업의 매출이 떨어져 기업은 생산과 고용을 줄이게 되고 사람들의 소득이 줄어들 수 있다. 이에 경제학자 존 메이너드 케인스(John Maynard Keynes)는 저축이 경제 전체에 부정적 영향을 끼칠 수 있다며 '소비는 미덕, 저축은 악덕'이라고 했다. 그의 주장처럼 경제 발전을 위해서 저축보다 소비가 더 필요한 것일까?

적절한 소비는 경제에 활기를 불어넣는다. 소비를 통해서 기업의 매출이 증가하게 되면 기업은 생산을 더욱 늘리게 된다. 이것은 기업의 고용 증가로 이어져 개인의 소득도 늘어나는 경제의 선순환이 일어나게 하는 것이다. 사람의 몸도 피가 잘 돌아야 활기를 얻듯이 경제도 자금이 원활하게 돌 수 있도록 소비를 하지 않으면 안 된다. 소비가 미덕인 것이다.

또한 소비가 활발하면 투자도 활발해진다. 같은 돈을 투자하더라도 소비가 활발한 지역에 투자하면 큰 이익을 남길 수 있을 것이다. 반면 소비가 활발하지 않은 지역에 투자를 하면 사람들이 그것을 사지 않아 이익이 남기는커녕 손해가 될 것이다. 소비가 활발하면 국내외 기업의 투자가 활발해져 경제가 살아나게 된다. 국내외 자본의 유입을 통해 경제를 살리기 위해서는 소비를 해야 할 필요가 있다.

경기가 어려워지면 사람들은 소비 대신에 저축을 선택하는 경향이 있다. 그것이 개인에게는 합리적으로 보일 수 있으나 경제 전체에는 비합리적일 수 있다. 자금이 원활하게 돌고 투자를 활발하게 하려면 소비가 반드시 필요하다. 소비가 미덕인 것이다. 따라서 경제의 발전을 위해서는 소비를 하는 것이 바람직하다.

제10과 영화의 이해

읽기 영화 속의 소리

어휘 익히기

1. (2) ① 음향 ② 조명 ③ 대본 ④ 분장 ⑤ 관객 ⑥ 주인공 ⑦ 시사회 ⑧ 소품

2. (1) 말끔히 (2) 적절한 (3) 감미로운 (4) 짐작할 (5) 불길한 (6) 전개될지 (7) 반사하는 (8) 소홀히

문법 익히기 (으)로써

(1) 자존감을 높임으로써 삶의 의미를 찾고 활력을 회복할 수 있다.

(2) 새로운 과학 기술이 발달함으로써 세계가 급속도로 하나가 되었다.

(3) 다른 기업의 경영 사례를 들음으로써 우리 기업을 어떻게 경영해야 할지 답을 찾았다.

(4) "그러지 말걸 그랬어."라고 표현함으로써 후회를 나타낼 수 있다.

(5) 이 냄비는 높은 온도를 신속하게 전달함으로써 조리 시간을 단축시켜 준다.

전략 익히기 마인드맵을 활용하여 읽기

연습 1. 예시

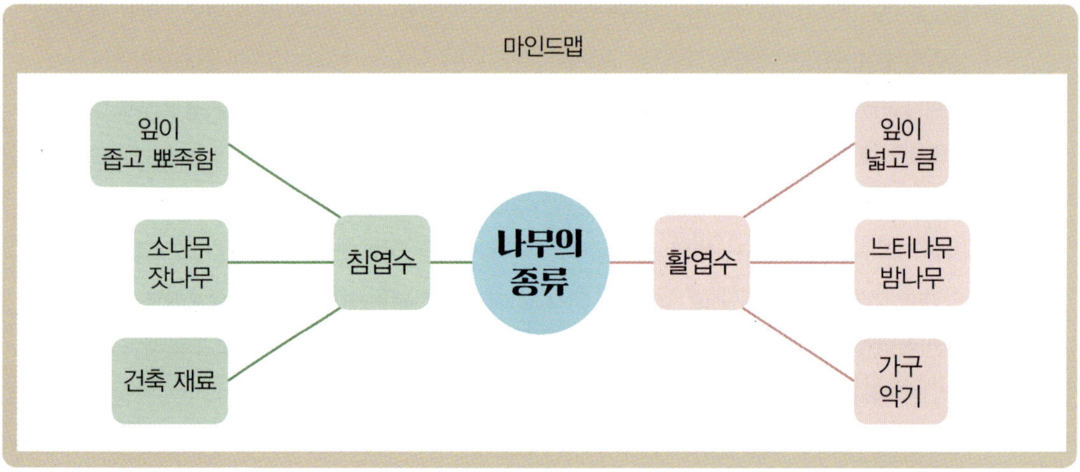

연습 2. 예시

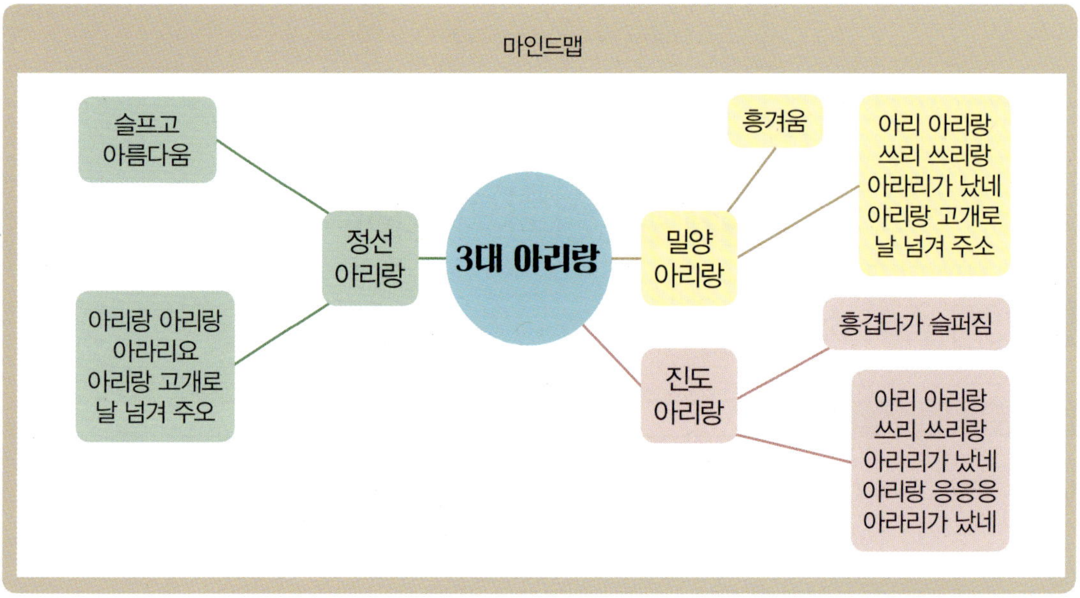

읽기

영화 속의 소리에 대한 글 읽기

1. ③ 2. ① 3. ① 4. ③ 5. ③

쓰기 영화 감상

어휘 익히기

1. (1) 사로잡았다 (2) 압권 (3) 수작 (4) 인정받은 (5) 돋보이는 (6) 실감

2. (1) 포근하다 (2) 표류하다가 (3) 자아냈다 (4) 고립돼서는 (5) 무모하게 (6) 도피하지

문법 익히기

-(으)ㄴ 나머지

(1) 돈을 물 쓰듯이 쓴 나머지 용돈이 바닥이 났다.
(2) 어제 밤을 새서 피곤한 나머지 버스에서 졸았다.
(3) 최종 면접에서 너무 긴장한 나머지 면접관의 질문도 들리지 않았다.
(4) 남자 친구에게 너무 화가 난 나머지 헤어지자고 말하고 말았다.
(5) 올림픽 경기를 볼 때 소리 지르며 응원한 나머지 목소리가 쉬어 버렸다.

전략 익히기

감상의 글 쓰기

연습 1. 예시

〈말아톤〉은 자폐증이 있는 청년과 그의 어머니를 모델로 해서 만들어진 영화이다. 이 영화에서 주인공 윤초원 역을 맡은 조승우의 연기는 자연스럽고 **섬세하기가 이를 데 없다.** 그는 장애인의 모습을 과장 없이 사실적으로 표현해 냈다. 또한 어머니는 장애인에 대한 세상의 시선에 당당히 맞서는 강한 **인물로 묘사되고 있다.**

연습 2. 예시

〈오페라의 유령(The Phantom of the Opera)〉은 프랑스 소설을 원작으로 만든 앤드류 로이드 웨버의 뮤지컬이다. 볼거리로 가득한 무대 장치와 특수 효과는 마술을 **부리는 것 같아서** 잠시도 무대에서 **눈을 뗄 수 없었다.** 주인공이 배를 타고 가는 장면에서는 마치 물안개가 낀 강가를 **여행하는 듯한 느낌이 들었다.**

쓰기

영화 감상에 대한 글 쓰기

3. 예시

영화 〈김씨 표류기〉를 보고

〈김씨 표류기〉는 이해준 감독의 깜찍한 상상을 바탕으로 한 코미디 영화이다. 한 사람은 빚 때문에, 또 한 사람은 왕따 때문에 그들만의 세계에 표류하면서 영화는 시작된다.

남자 김씨는 빚 독촉을 견디지 못하고 한강에 몸을 던졌지만 마음대로 되지 않아 밤섬에 고립됐고, 여자 김씨는 친구들의 괴롭힘을 견디지 못하고 자신의 방에서 나오지 않는다. 남자 김씨가 표류한 밤섬, 여자 김씨가 도피한 그녀의 방은 두 사람에게는 스스로 만든 감옥과 같다. 〈김씨 표류기〉의 등장인물은 주연 배우 두 사람이 거의 전부라고 할 수 있지만 깜짝 등장하는 조연들의 존재감이 약하지 않고, 밤섬에 적응해 가는 남자 김씨의 무모한 도전 하나하나가 폭소를 자아내기에 충분하다.

이 영화는 소통에 관한 이야기가 아니고 소통하고 싶어 하는 사람들의 이야기이다. 소통하고 싶어 하는 사람들은 스스로의 공간에 갇히기 이전에 소리치고 호소하며 사회의 도움을 요청했지만 번번이 무시를 당한 나머지 할 말을 잃은 사람들이다. 이 영화의 가장 큰 특징은 조명으로 묘사된 여자 주인공의 심리 변화이다. 어둠이 가득하던 여자 김씨의 공간에는 남자 김씨에 대한 관심이 높아지면서 점차 밝은 빛이 스며들고 그녀의 얼굴엔 미소가 피어난다. 여자 주인공의 심리 변화에 따른 조명의 변화는 아름답고 포근하기 이를 데 없다.

소통은 양쪽의 의사가 서로 통함을 의미한다. 남자 김씨와 여자 김씨는 아주 오랜만에 자신의 생각이 물 흐르듯 상대방에게로 흘러감을 경험하게 된다. 따뜻한 봄 햇살처럼 포근한 조명의 변화 속에서 소통에 이르는 과정이 아름다운 이 영화는 여러 가지 복잡한 일들로 힘겨운 이들에게 좋은 청량제가 될 것이다.

*출처: 한상철, 『우리들 각자의 영화관』, W미디어, 2016, 46–48쪽('김씨 표류기: 밤섬에서 짜장면'에서 발췌 및 수정).

찾아보기

ㅅ

ㅇ

ㅈ

ㅊ

ㅋ

ㅌ

ㅍ

ㅎ

집필진 소개

개정판 집필진

이민경 이화여자대학교 언어교육원 특임교수

배재원 이화여자대학교 언어교육원 특임교수

김현진 이화여자대학교 언어교육원 특임교수

황선영 전 이화여자대학교 언어교육원 전임강사

정 진 전 이화여자대학교 언어교육원 전임강사

초판 집필진

배재원 이화여자대학교 언어교육원 특임교수

구재희 이화여자대학교 언어교육원 강사

이미혜 전 이화여자대학교 언어교육원 특임교수

오은엽 전 이화여자대학교 언어교육원 전임강사

* 이 교재는 2008년에 처음 출판된『유학생을 위한 대학한국어 1: 읽기 · 쓰기』를 기반으로 집필되었습니다.

유학생을 위한 대학한국어 1 읽기·쓰기(개정판)

지은이 이화여자대학교 언어교육원

펴낸날 1판 1쇄 2008년 9월 24일
2판 1쇄 2018년 8월 28일
4쇄 2025년 8월 28일

펴낸이 주소현 **펴낸곳** 이화여자대학교출판문화원
주소 서울특별시 서대문구 이화여대길 52(우 03760) **등록** 1954년 7월 6일 제9-61호
전화 02) 3277-2965(편집), 02) 362-6076(마케팅)
팩스 02) 312-4312 **전자우편** press@ewha.ac.kr **홈페이지** www.ewhapress.com
책임편집 이혜지, 민지영 **디자인** 김리영, 정혜진
일러스트 이지영

ISBN 979-11-5890-289-6 14710
979-11-5890-257-5 (세트)
값 20,000원

* 잘못된 책은 구입처에서 바꾸어 드립니다.

이 도서의 국립중앙도서관 출판예정도서목록(CIP)은 서지정보유통지원시스템 홈페이지(http://seoji.nl.go.kr)와 국가자료공동목록시스템(http://www.nl.go.kr/kolisnet)에서 이용하실 수 있습니다. (CIP제어번호 : CIP2018024946)